汽车造型手绘快速表达技法

罗剑 主编　　黄非凡 副主编

化学工业出版社
·北京·

本书作者凭借多年的教学经验和过硬的手绘功底，从基础的汽车基本比例、透视技巧、渲染技法等入手，由简入繁、从易到难地介绍了工业造型手绘技巧和汽车外观、内饰等各部件手绘的特点。结合50多个汽车造型手绘案例解析和汽车造型效果图实例分析，以步骤图的形式进行详细讲解，旨在使读者能够快速领会和掌握汽车造型手绘表现的技法和特点。

本书适用于汽车造型设计相关专业学生和汽车手绘爱好者，也可作为培训机构的教材或参考书使用。

图书在版编目（CIP）数据

汽车造型手绘快速表达技法/罗剑主编．—北京：化学工业出版社，2018.8（2023.1重印）

ISBN 978-7-122-32532-7

Ⅰ.①汽…　Ⅱ.①罗…　Ⅲ.①汽车-造型设计-绘画技法-高等学校-教材　Ⅳ.①J21②U462.2

中国版本图书馆CIP数据核字（2018）第145286号

责任编辑：刘　琳　　装帧设计：王晓宇
责任校对：杜杏然

出版发行：化学工业出版社（北京市东城区青年湖南街13号　邮政编码100011）
印　　装：河北京平诚乾印刷有限公司
787mm×1092mm　1/12　印张$15^1/_2$　字数320千字　2023年1月北京第1版第3次印刷

购书咨询：010-64518888　　售后服务：010-64518899
网　　址：http://www.cip.com.cn
凡购买本书，如有缺损质量问题，本社销售中心负责调换。

定　　价：73.00元

前言
Foreword

近年来，随着汽车工业的迅猛发展，汽车造型设计也逐渐受到广泛关注，成为汽车工业腾飞的重要支撑。手绘作为一种将设计构思表达出来的重要方式、设计专业的基本功，是汽车造型设计中不可或缺的组成部分。为了帮助广大汽车造型设计的学生和从业人员更好地掌握汽车手绘技能，提高专业水平，我们围绕工业造型设计手绘特点和读者的需求，编写了《汽车造型手绘快速表达技法》一书。

本书根据笔者多年的教学经验和过硬的手绘功底，从基础的汽车基本比例、透视技巧、渲染技法等入手，由简入繁、从易到难地介绍了工业造型手绘技巧和汽车外观、内饰等各部件手绘特点。结合50多个汽车造型手绘案例解析和汽车造型效果图实例分析，以步骤图的形式进行详细讲解，旨在使读者能够快速领会和掌握汽车造型手绘表现的技法和特点。

本书由罗剑主编，黄非凡副主编，罗敏艺参编。本书内容丰富、步骤图细节精细，适合读者学习和临摹，有较强的可读性和实用性。本书适用于工业设计造型相关专业学生和汽车手绘爱好者，也可作为培训机构教材或参考书使用。

由于笔者的经验和学识有限，虽尽心尽力编写，但内容难免有疏漏之处，敬请广大读者批评指正。

编　者

目录
CONTENTS

第一章 01 Chapter

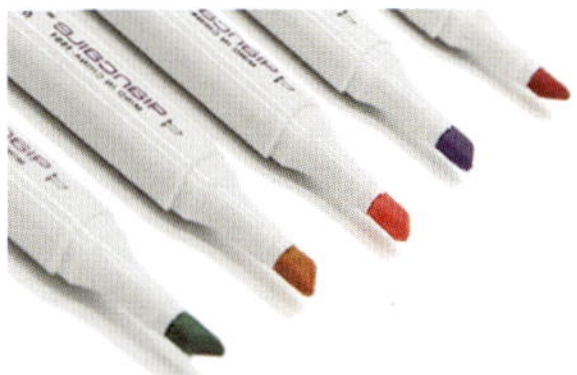

格物造型、格色渲染、借体推敲

一、格物造型——汽车基本比例、透视

1.汽车基本比例

想要学会画专业的汽车手绘图，第一步最基本也是最重要的，在于正确掌握汽车的外形比例、透视、构造、光影。

要掌握汽车正确的结构比例，需要知道汽车造型设计的6个基本原则，我们拿轿跑汽车举例。

基本原则1

当我们开始画车的时候，起初的参考点就是车轮，以车轮直径为依据，一旦轮子被定位，就可以一条线一条线地构造出车的其他部分。在车的同侧，通常轿跑车型，两个轮子之间的距离大约等于轮子直径的3倍多一点。稍大一点的轮子让任何车子都更漂亮，但是除了轮子大小，轴距对于汽车动力性能和内部空间也是很重要的。举个例子，像奔驰S级车型，其轴距大，车内空间也相应较大，乘客会感觉非常舒适。

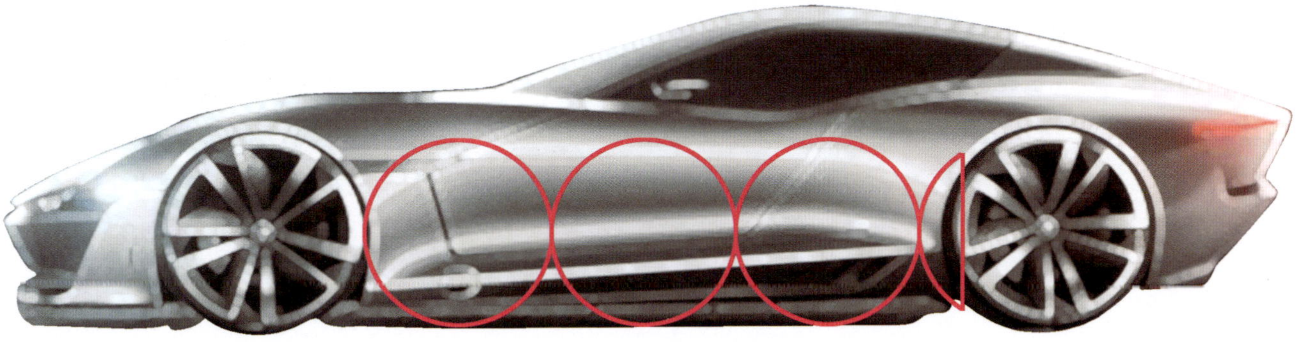

基本原则2

A柱的位置和走势很重要，如果我们把轿跑车型汽车A柱从底部延长，延长线会经过前轮的圆心。因为技术原因，这条法则对于前驱和后驱的车子有不同的应用。前驱的车通常前置横列发动机，前轮必须被安置在发动机后面，因为变速箱安装在发动机后面；后驱的车通常纵列发动机，轮子被安放在角落处，即前悬短。

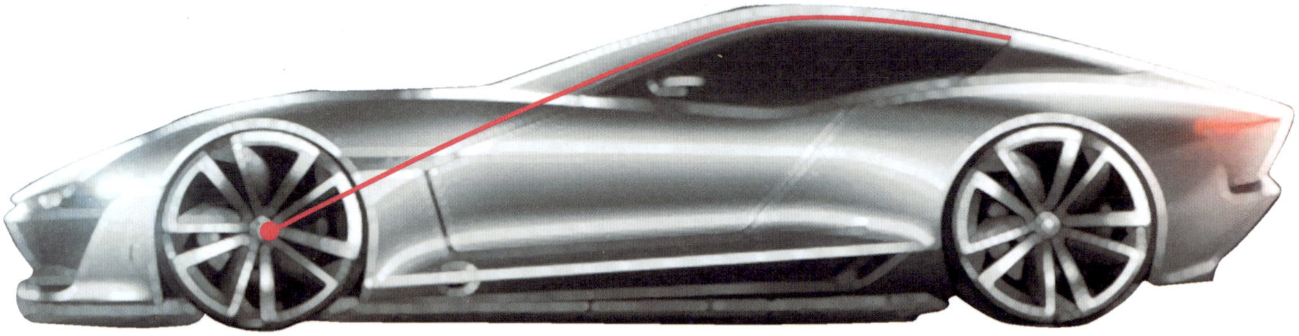

基本原则3

如果我们从C柱较低处引垂线，该垂线必须经过后轮中心。前驱和后驱的车可能会有不同。后驱的车前悬比前驱车更短。换句话说，驾驶舱必须后移，给纵列发动机腾出足够空间。所以说C柱也相应后移。对于前驱的车来说，驾驶舱的位置更靠前一些，所以C柱通常在后轮轴的上面。

基本原则4

如果是SUV车型，连接同侧前后轮中心画一条线，这条线将和车门下边缘线重合。如果是轿跑车型，此线则和车门下边缘线有一定的间距。

SUV车型

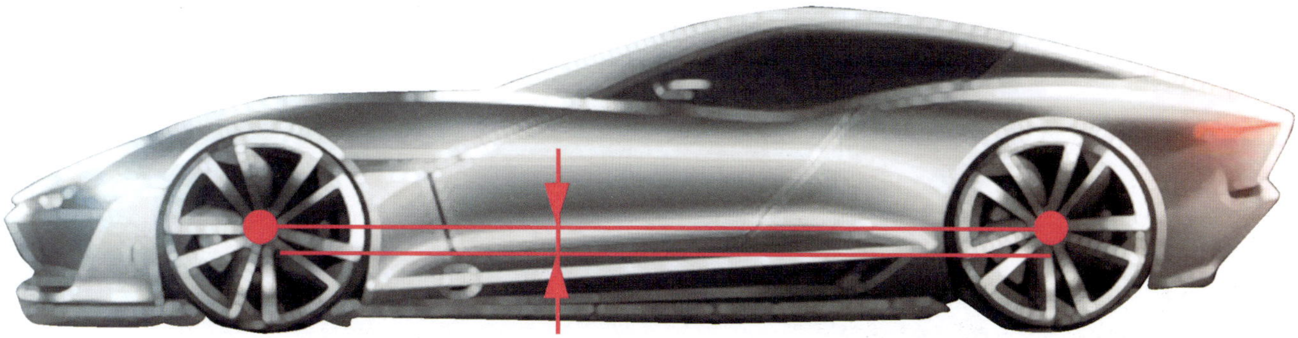

轿跑车型

基本原则5

车窗和车体之间的比例也是汽车整体比例中最重要的元素之一。车窗通常占据整车高度的1/3。

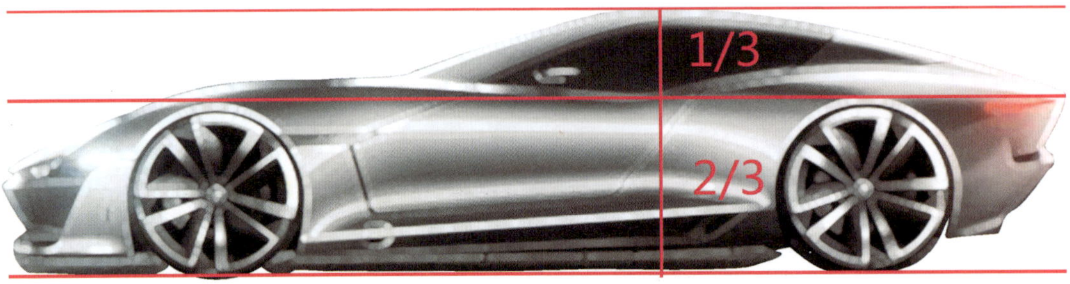

基本原则6

轿跑车型的车身总高应该接近车轮直径的2倍，而SUV车型车身总高应该在车轮直径的2.25倍至2.5倍之间。

轿跑车型

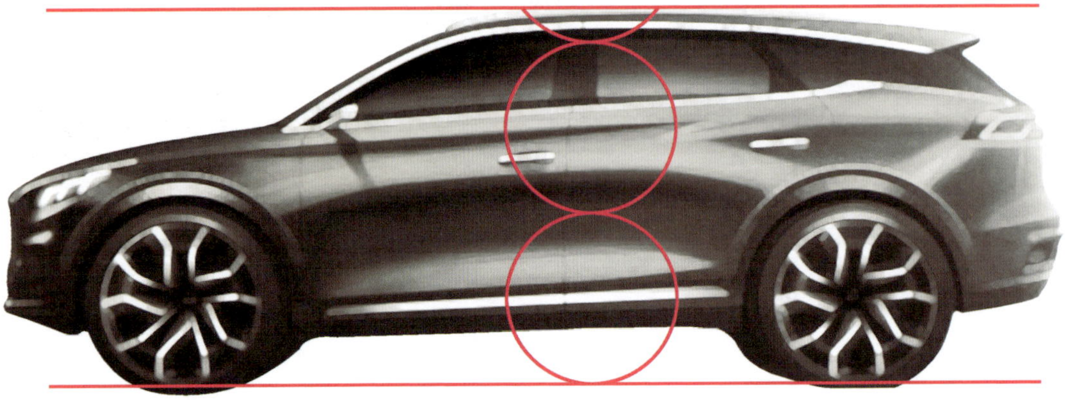

SUV车型

2.透视

汽车透视说起来简单，画起来难。透视看起来舒不舒服（是否协调），会影响整张手绘图的效果。

精美优设的借体推敲教学体系方法就有讲到，可以把汽车理解成两个方盒子叠在一起。车身是一个大的方盒子，突出来的驾驶舱是另一个方盒子。你所画的，其实就是这两个方盒子的透视。而车轮的透视可以理解成插在大盒子上的圆柱体。

手绘之前可把这个车体看成是一个两点透视的方盒子

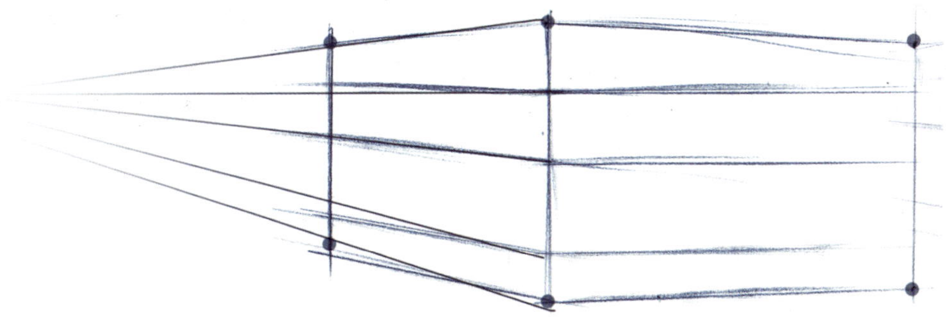

不管你怎么画车身曲面，再复杂再立体的汽车造型曲面，都是在这个盒子基础上去画的。把车子理解成了盒子，那么画来画去，都是在画盒子的透视，你在一个有精准透视的盒子框架里面去画自己的车子，就比较容易画准了。而为了画得更准，可以在方盒子上多找几条透视线，这样有利于更精准地找到自己所画车子的透视，帮助手绘车体透视画得更准确。

3. 综合运用

JMYS
JMYS
JMYS
JMYS
JMYS

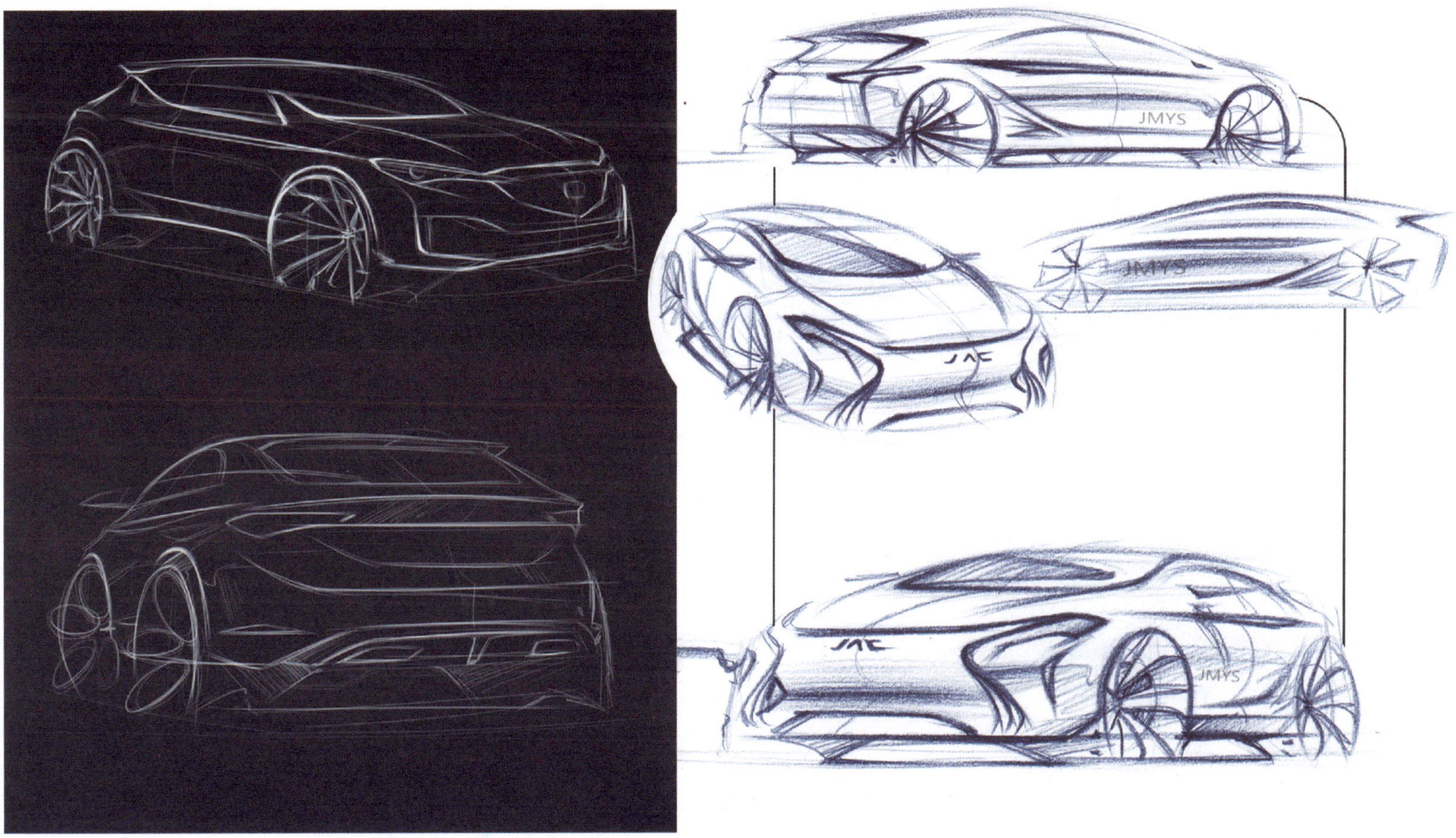
JMYS
JAC
JMYS
JAC
JMYS

二、格色渲染——用马克笔进行汽车外观、内饰上色

1.光影

学习、研究汽车光影最好的办法就是去看大街上的实车，这些汽车都是自然光照情况下真实的光影。真实光影比较复杂，所以需要我们去归纳总结和提取关键的光影效果。

一般原厂制作一比一汽车模型都需要在顶部安装非常多的平行灯管来观察汽车车身光影，以判断汽车曲面。汽车光影分固有色和环境色，因汽车车身材质的原因，车身所有反射等光影都需要仔细比对和考量。

汽车车身有非常多的渐消面，下面这张汽车照片图有几处渐消面的真实写照，基本上都是用高光来体现，所以在手绘上色表现这样效果的时候可以模仿这种光影来绘制。

倒影和反射，导致汽车车身有树影的效果，曲面大的时候，渐变效果和高光效果非常明显，同时倒影和反射的物体投射到车身曲面上，物体本身也跟着曲面变形，这一点尤为重要。环境图像投射在车体上面是跟随着车体本身的曲面变化而变化的。

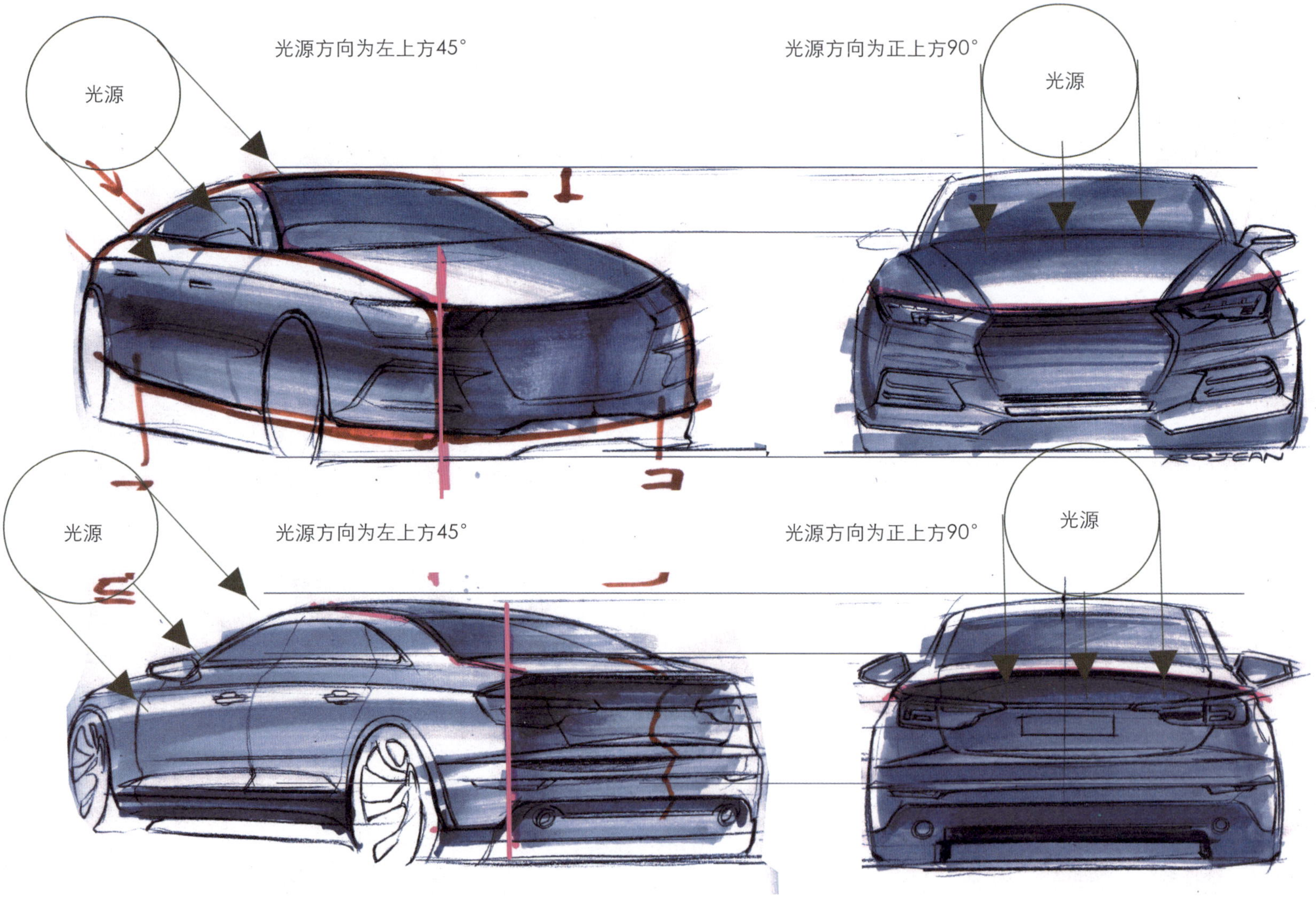
光源
光源方向为左上方45°
光源方向为正上方90°
光源
光源
光源方向为左上方45°
光源方向为正上方90°
光源

2. 质感

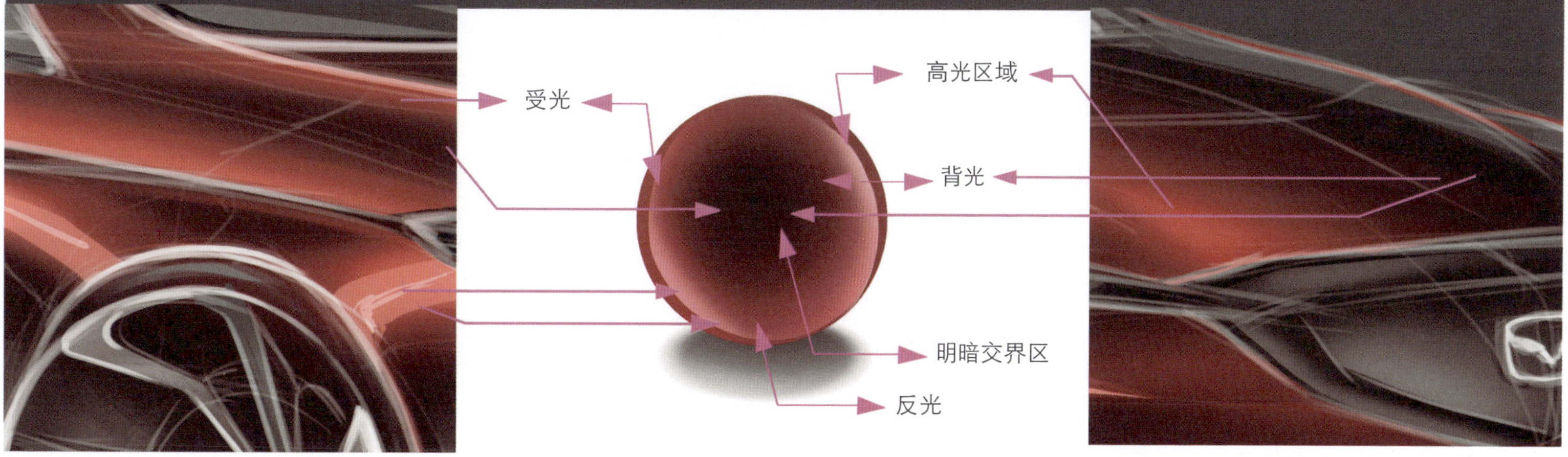

JMYS

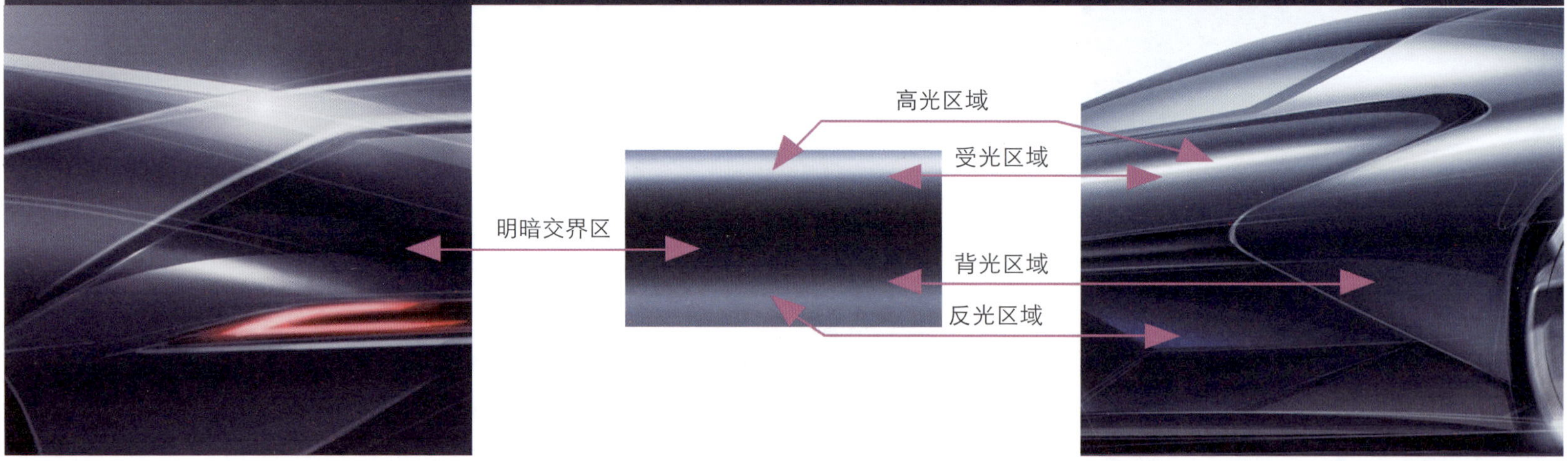
高光区域
受光区域
明暗交界区
背光区域
反光区域

3. 内饰

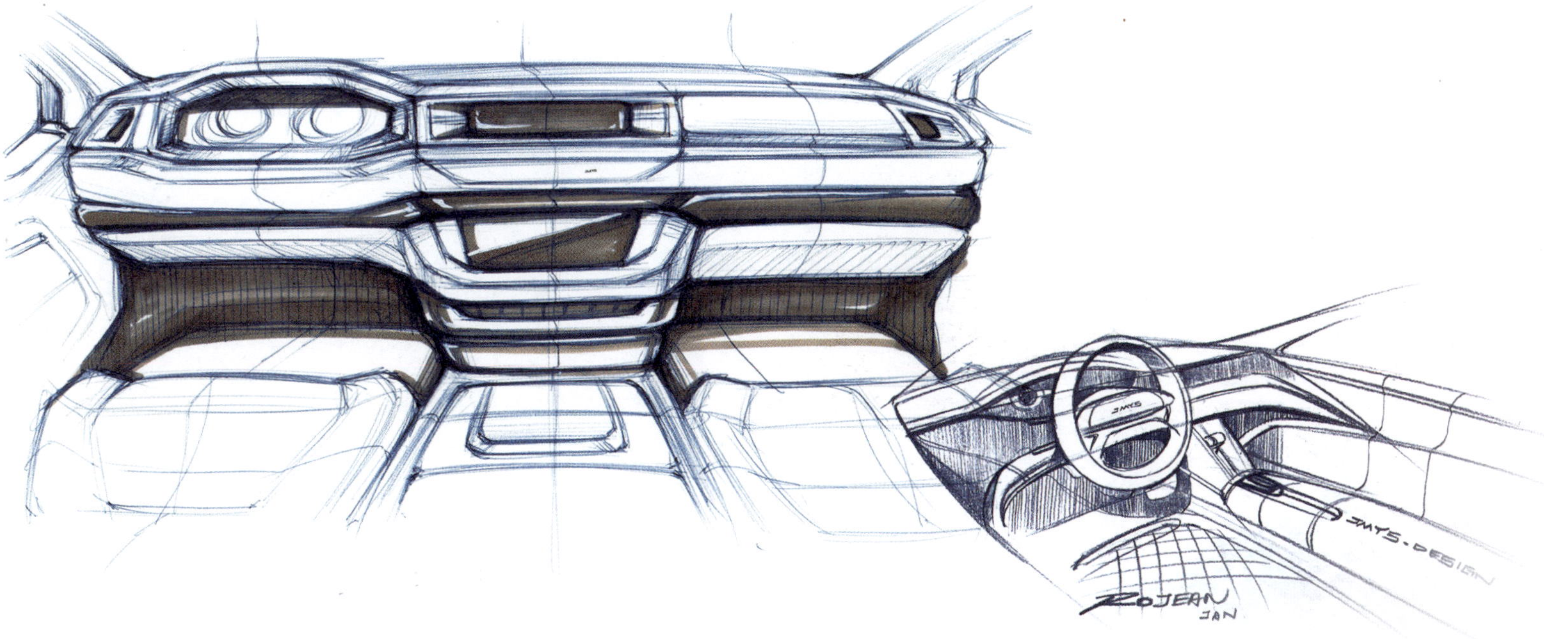

格色渲染
① 格：线稿的绘制，要画出完整线稿，外轮廓线、结构线、分件线、剖面线都要交代清楚。
② 色：考虑配色，即用什么颜色的马克笔润色，色号是多少，都要提前选择好。
③ 渲：开始润色，每个笔触都需要紧跟着不同造型、曲面去滑动。
④ 染：即点缀，用高光笔点出高光点，收边，让开叉的线条、颜色笔触整整齐齐。

4. 案例

格色渲染法马克笔润色汽车——案例一

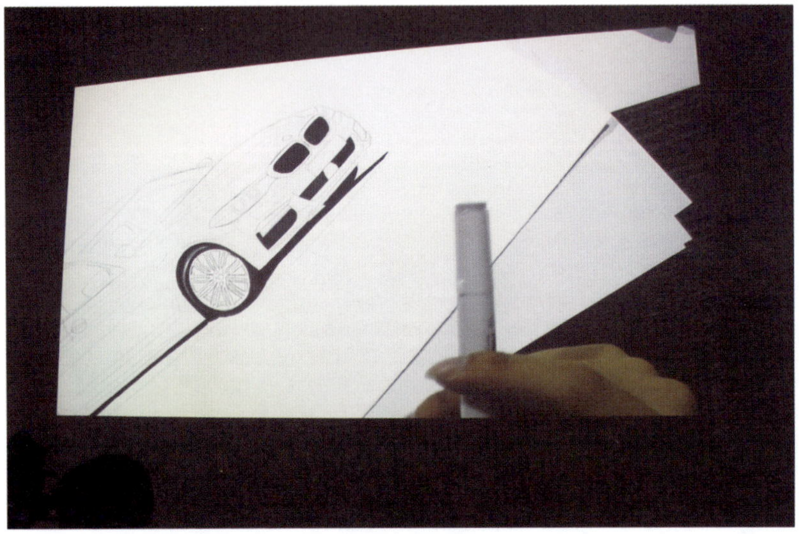

① 格-画出汽车线稿，每个细节都要注意精准。

② 色-先选用蓝色进行汽车固有色的配色，画汽车前脸格栅部分。

③ 色-选用浅灰色（冷灰）对汽车侧面反光区域进行润色。

④ 色-选用深蓝色马克笔对汽车曲面上的环境静影区域进行润色。

⑤ 渲-用同一色系-蓝色系马克笔对汽车车体其他部分进行润色。

⑥ 染-这个阶段开始进入染阶，注意汽车上面的高光部分留白，比如发动机盖等。

⑦ 染-逐步刻画汽车的细节部分，可以用马克笔尖头部分刻画。

⑧ 染-格色渲染法马克笔画汽车最终效果的呈现。

格色渲染法马克笔润色汽车——案例二

1格、2色、3渲、4染

①用深色马克笔画出汽车底盘下面颜色，先把线稿画完整，也就是格色渲染里的格这个阶段，即为线稿阶段。

1格、2色、3渲、4染

②用浅灰色马克笔沿着汽车整体光影黑色进行叠加画出过渡颜色。

1格、2色、3渲、4染

③对汽车前保险杠进行润色，这部分可以用浅灰色马克笔润色，用来表达环境色。

1格、2色、3渲、4染

④开始对汽车上面的光影细节进行绘制，可以选用深灰色马克笔润色。

1格、2色、3渲、4染

⑤ 把汽车的侧面车窗光影进行润色，选择深灰色，浅灰色马克笔叠加进行上色。

1格、2色、3渲、4染

⑥ 对汽车前挡风玻璃进行马克笔润色。

1格、2色、3渲、4染

⑦ 将汽车发动机盖上面的树木静影的变化细节塑造出来。

1格、2色、3渲、4染

⑧ 格色渲染法马克笔润色最后效果的呈现。

1格、2色、3渲、4染

⑨扫码观看全程视频演示。

步骤1

步骤3

步骤2

步骤2

步骤1

步骤3

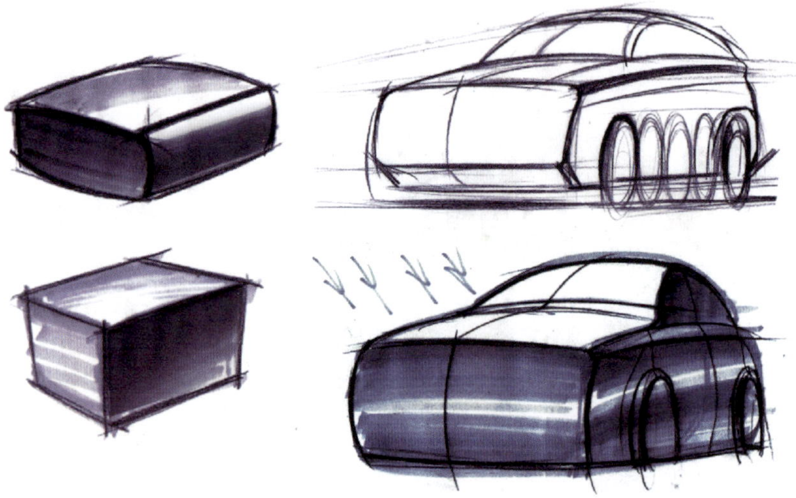

三、借体推敲——借助汽车造型进行造型推敲

1.怎样找准汽车比例

（1）略微俯视角度汽车透视比例

① 画一条直线。

② 找到整条线中点和2.5分点位置。

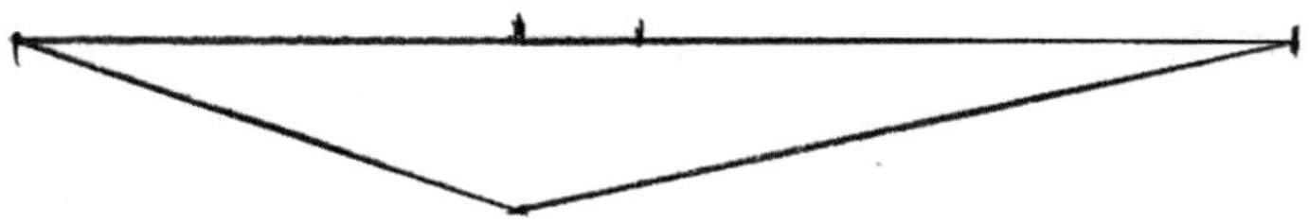

③ 竖直的高度是2.5分点的线段的三分之一，连线。

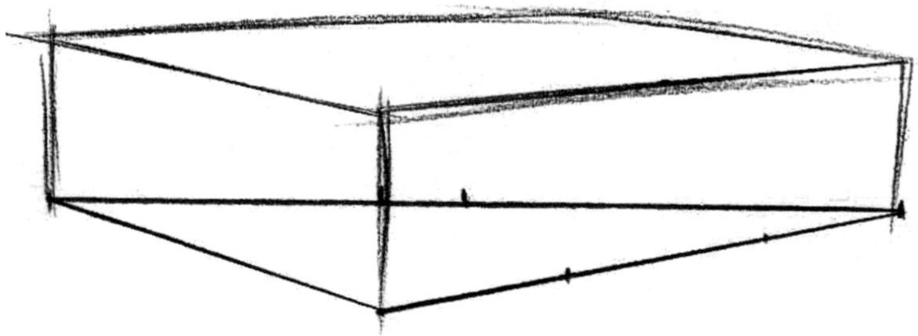

④ 车身高度是车身侧面长度的三分之一，画出方体。

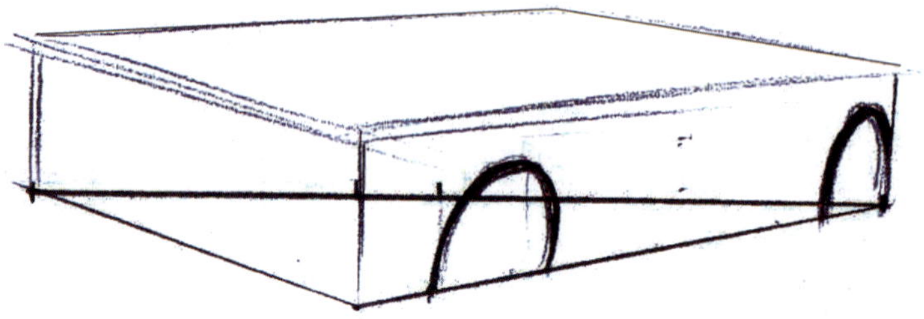

⑤ 车轮的高度是整车的二分之一，也就是车身的三分之二，宽度约为侧面的四分之一。

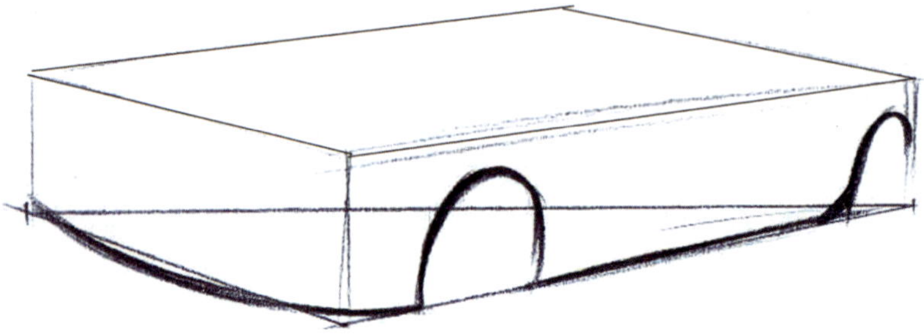

⑥ 开始连线，流线型。

⑦ 车窗是整个车身的四分之一，A柱垂直线相切于前轮后缘，C柱垂直点为后轮前缘。

⑧ 左侧A柱垂直点位于车头的三分之一处，通过透视连线。

⑨ 最终车体，注意车头拐角。

（2）略微俯视角度汽车前视图、后视图比例

前视图

后视图

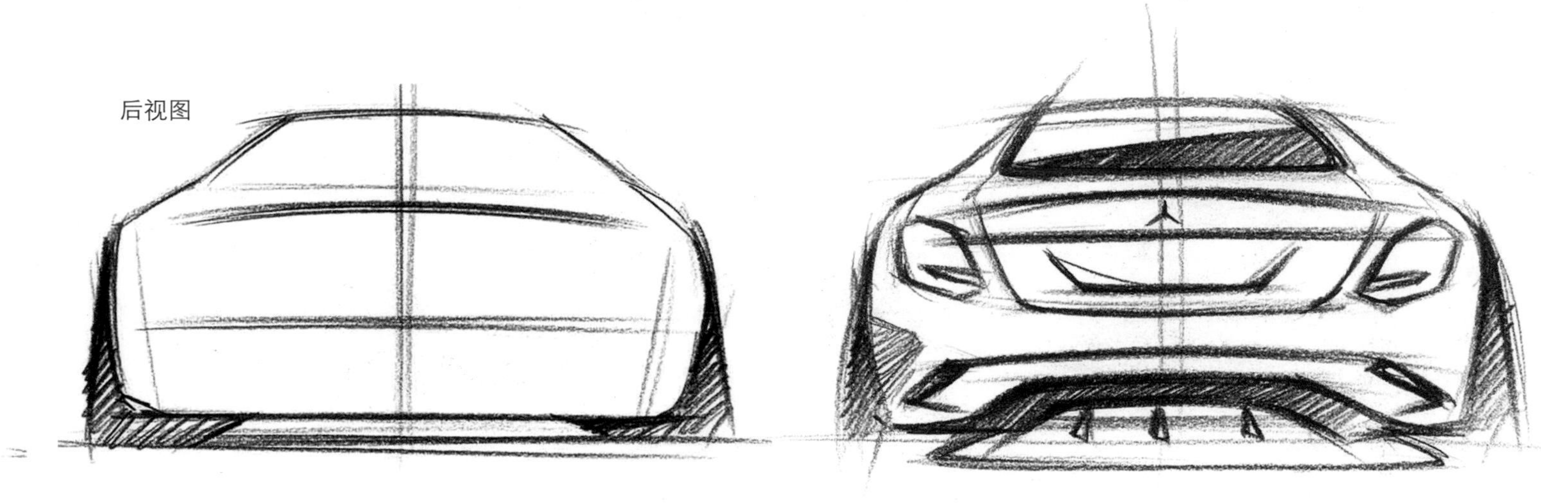

前视图

侧视图

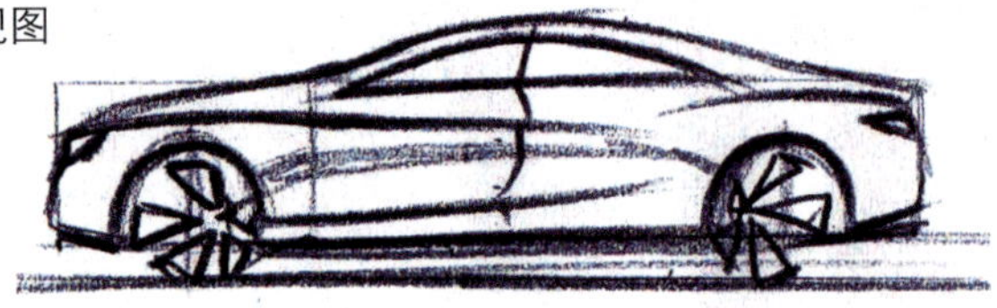

后视图

（3）平视角度汽车透视比例

① 画一条直线。

② 找出中点。

③ 车身高度是直线的四分之一。

④ 车顶是整车高度的四分之一。

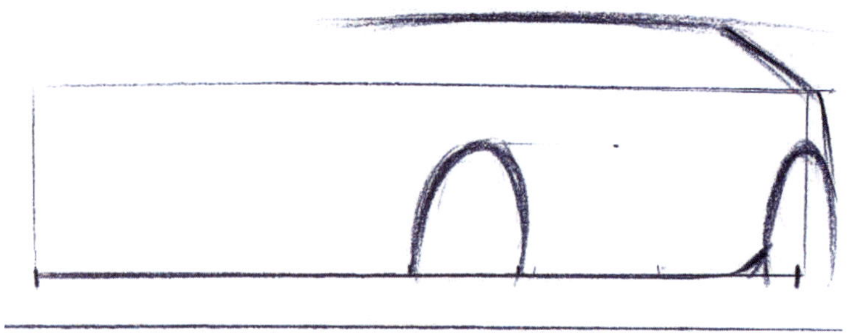

⑤ 轮子宽度是车身高度的七分之一，高度是车身高度的二分之一。

⑥ 左侧A柱垂直于中点，右侧A柱相切与前轮后缘。

⑦ 最终车体，注意车头。

（4）平视角度汽车前视图、后视图透视比例

前视图

后视图

前视图

后视图

SUV抓大动态和比例关系分析 。

其后再添加细节，添加光影。

（5）汽车比例推敲草图思考

关于特定角度的比例动态的结构分析，大概45°底盘线成多少角推敲。

汽车比例推敲草图思考

轮毂的一些结构分析图

c
b
a = 2b
c = ½b
a
7.5
15

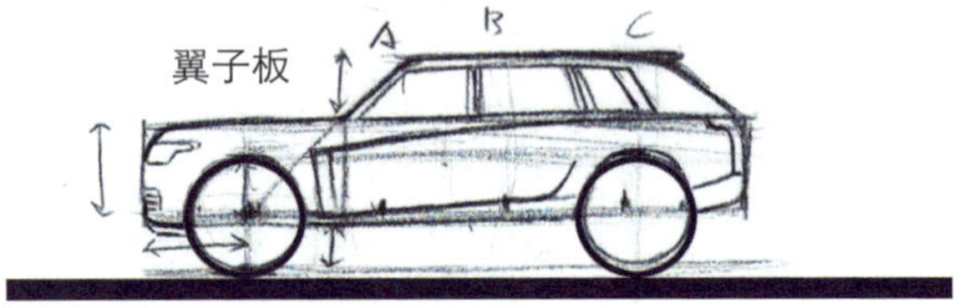

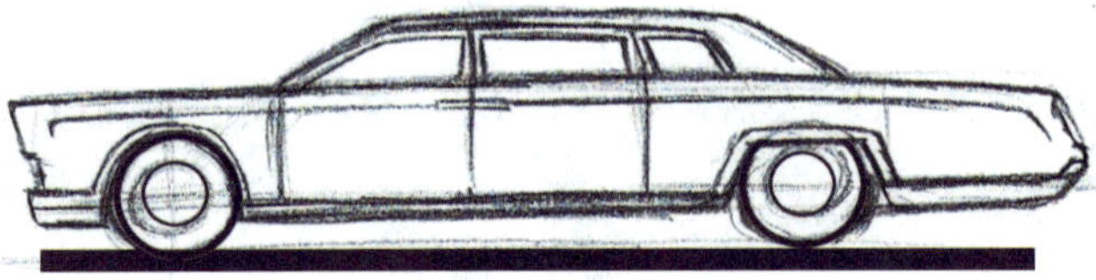

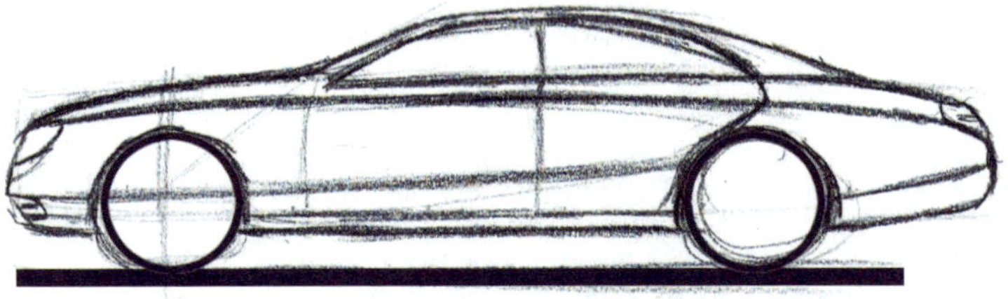

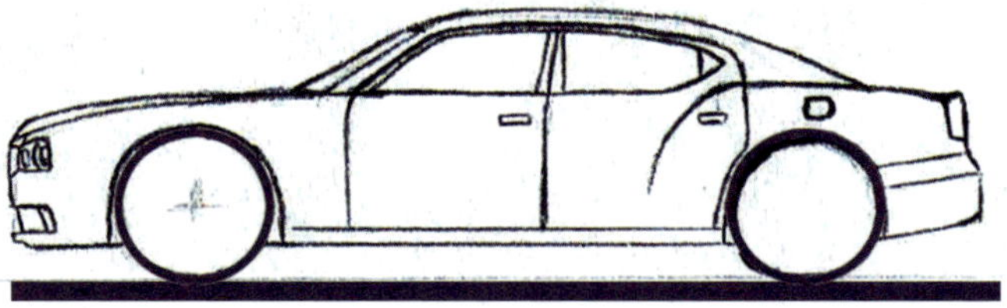

图中展示的是一些侧面比例，可以发现不同车型比例不同，不要画长了或者画短了。

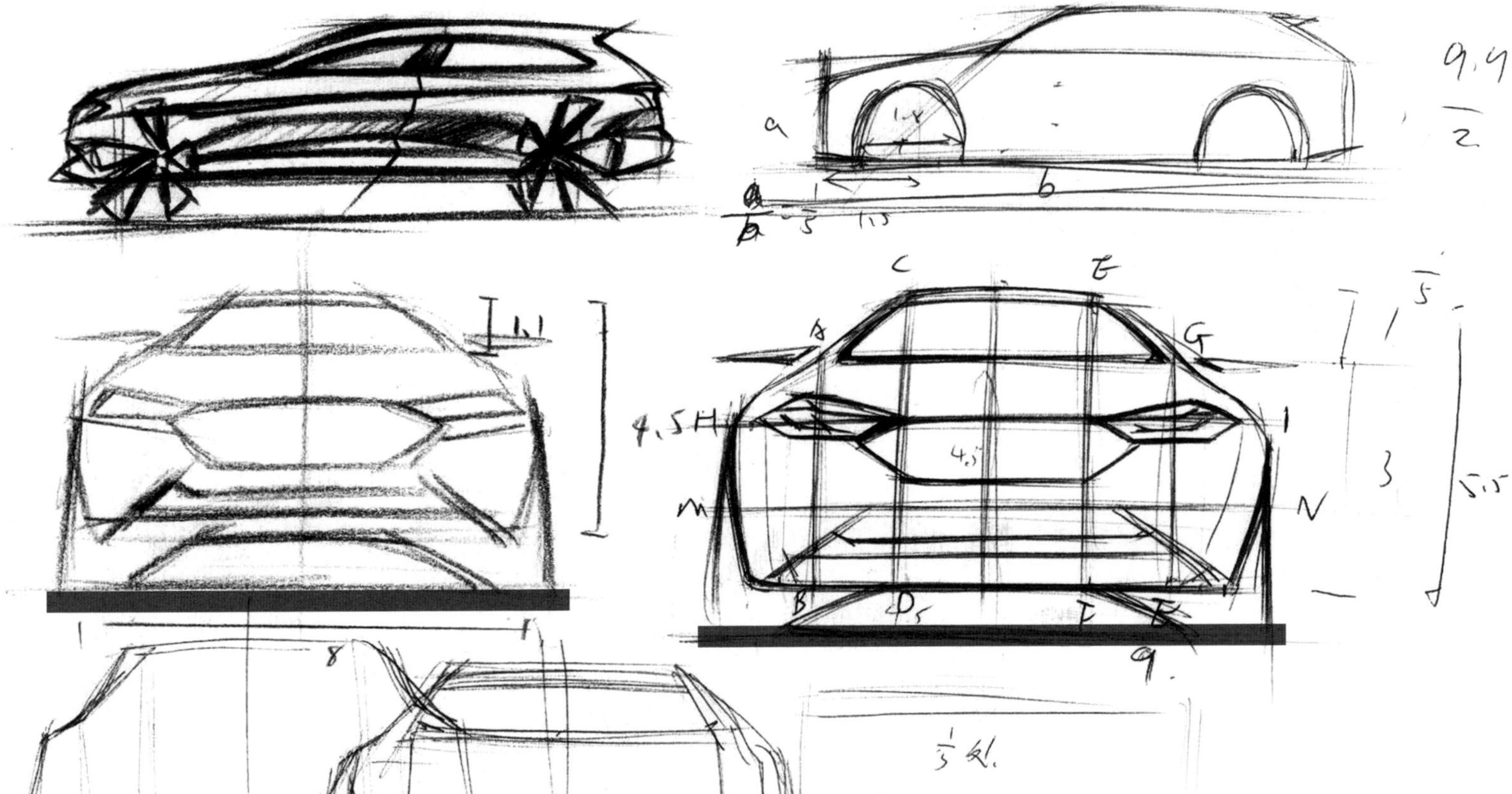

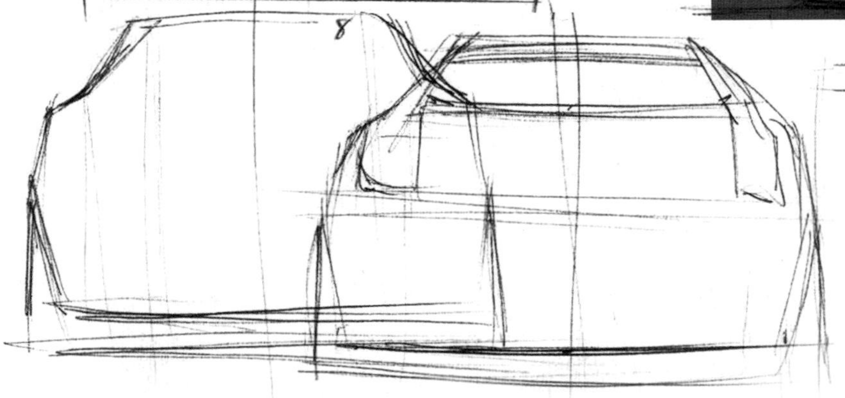

汽车正脸比例分析

正面可以用九宫格来寻找一个标准的格式，24个格子作为框架。把宽度分为6格，高度分为4格，每格对应不同的位置，A点对应B点，以此类推。

2. 常见汽车比例展示

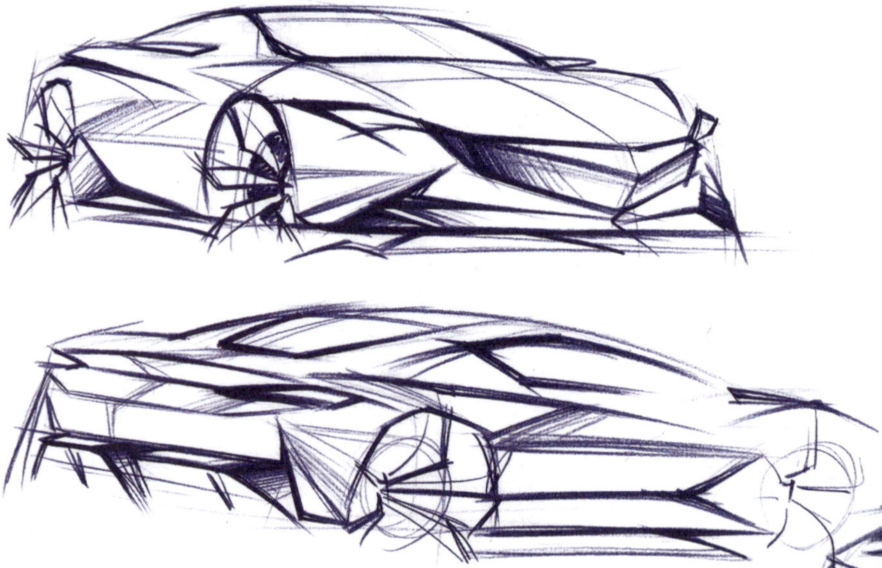

尖锐犀利的风格

线条随意放松的风格

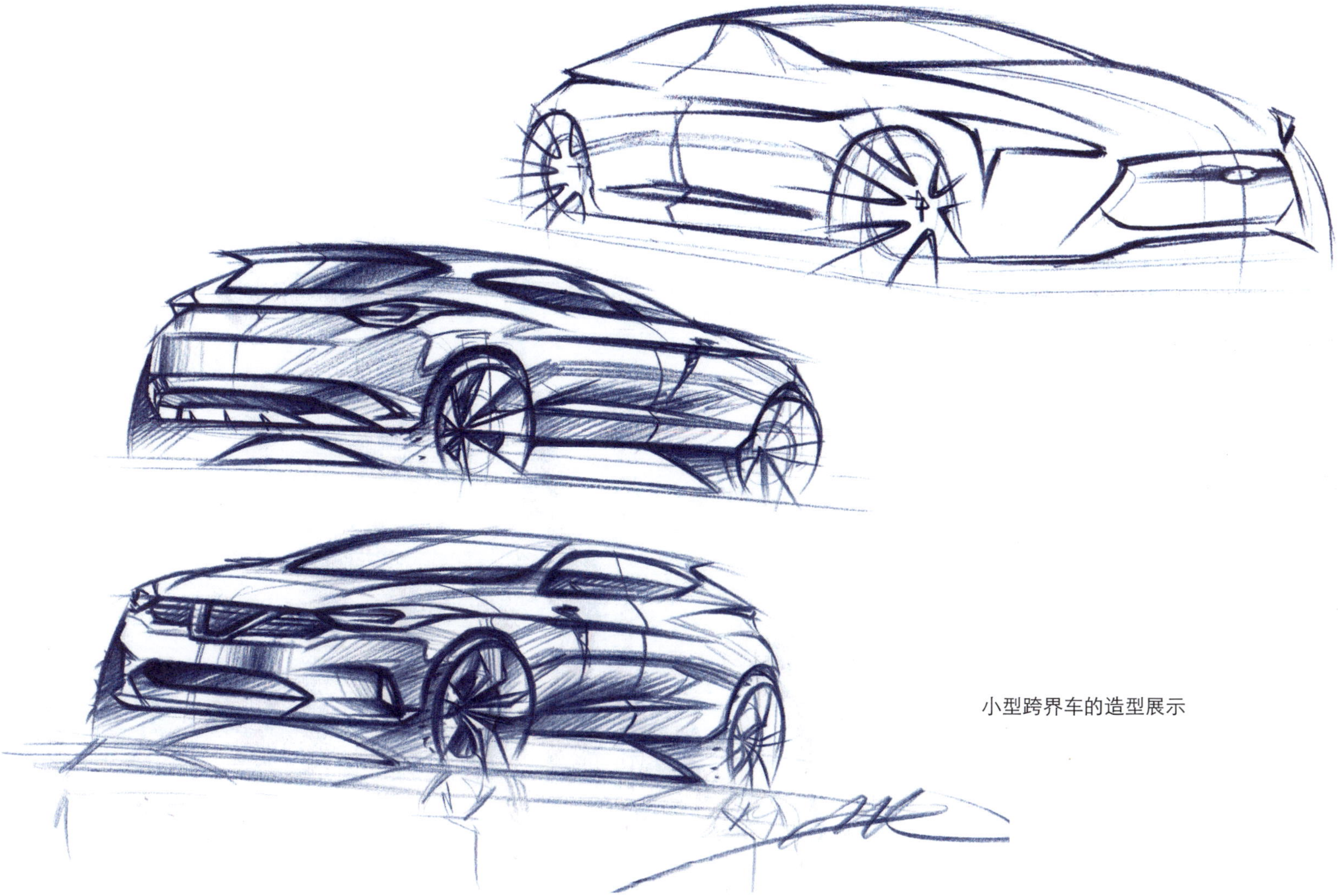

小型跨界车的造型展示

运动型SUV的动态展示

不同车型的角度和透视展示

运动跑车的角度展示

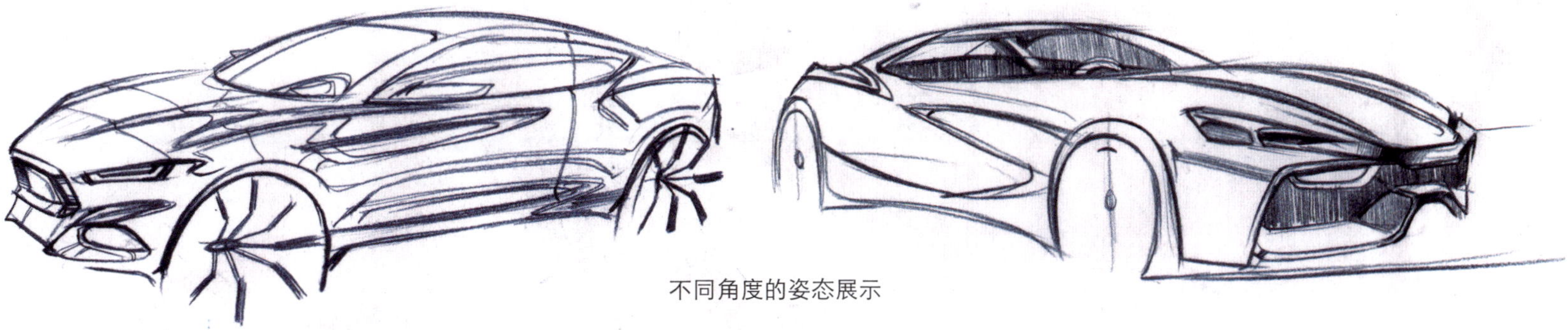

不同角度的姿态展示

豪华运动轿车展示

概念SUV偏侧面展示

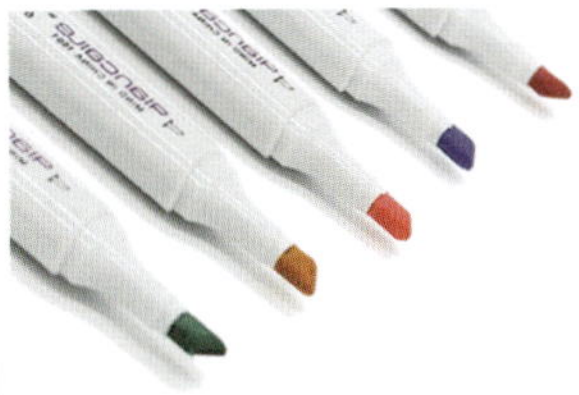

第二章 02 Chapter

设计DNA元素转换——汽车DNA元素塑造

一、变速杆

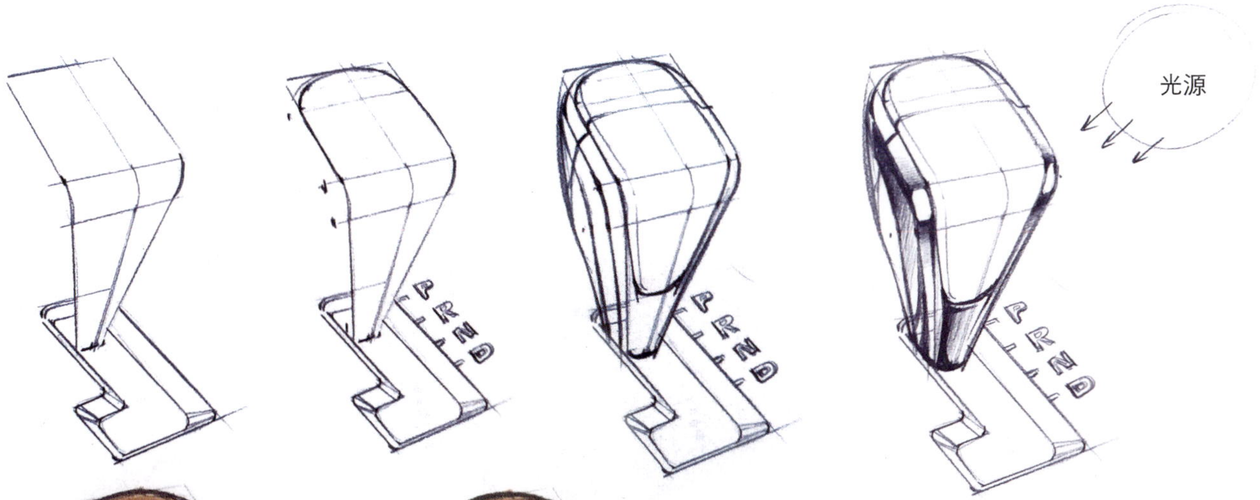

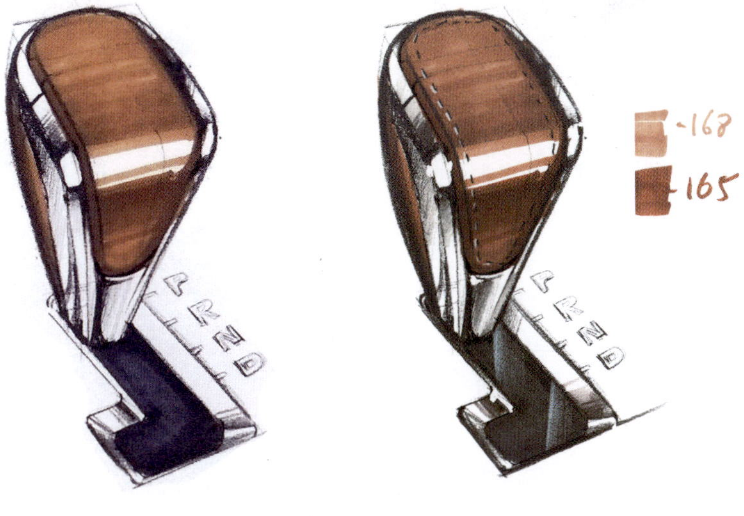

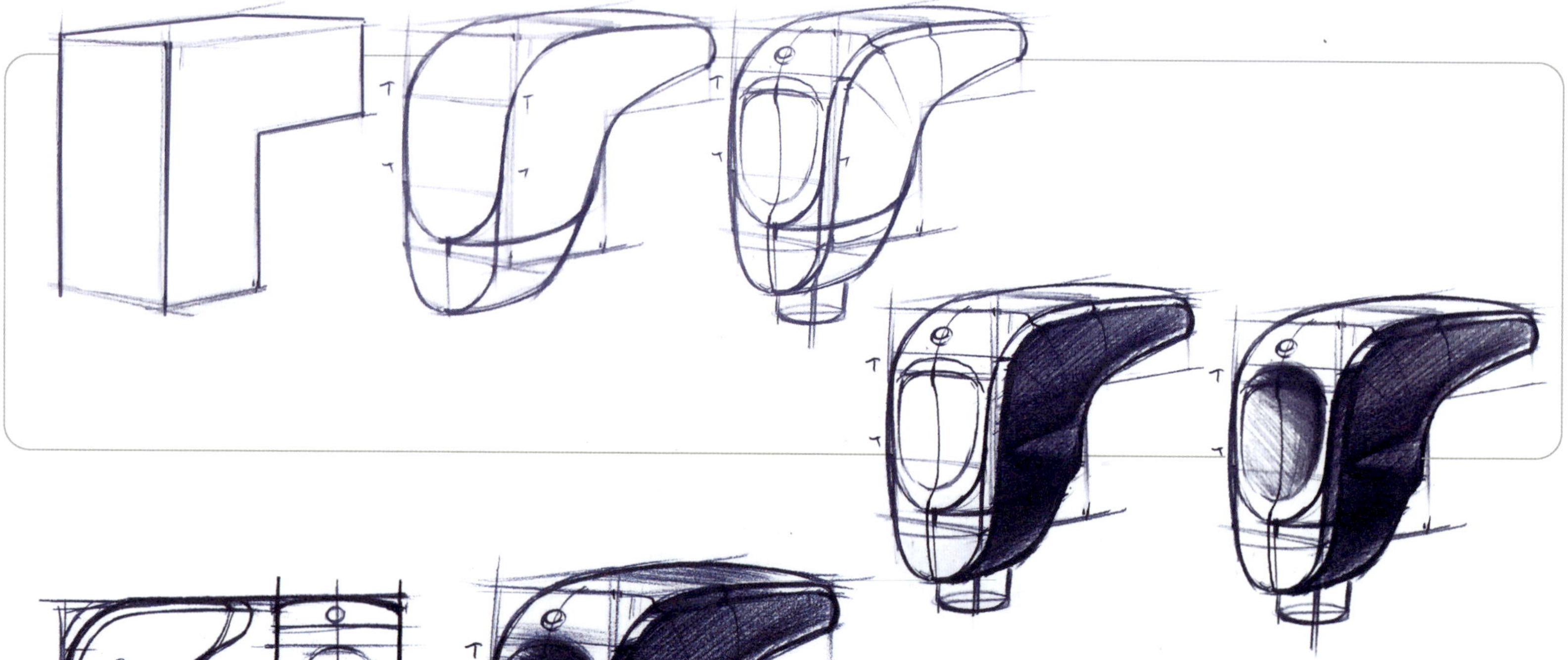

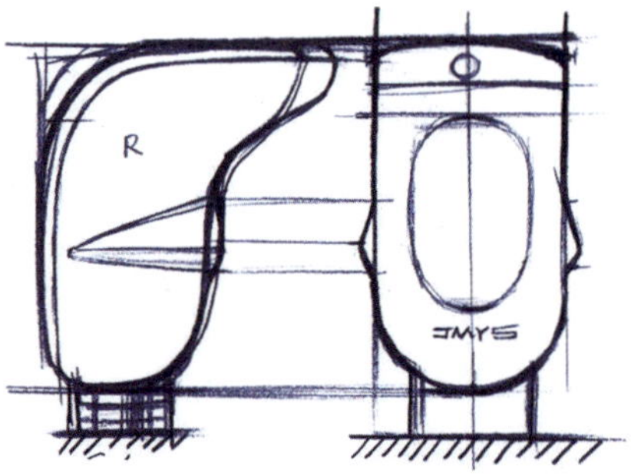

侧视图　　正视图

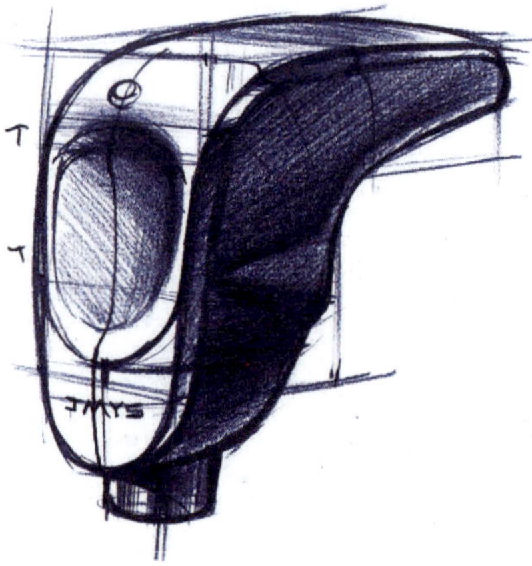

二、车灯

①

②

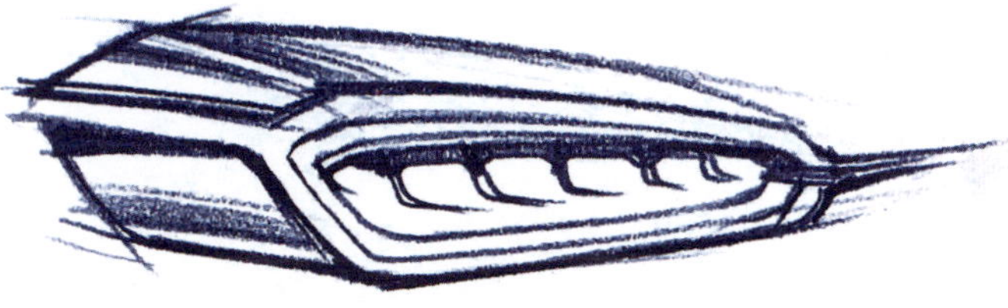

③

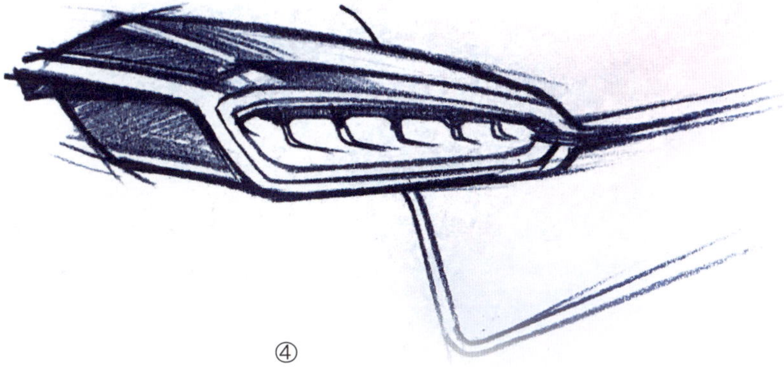

④

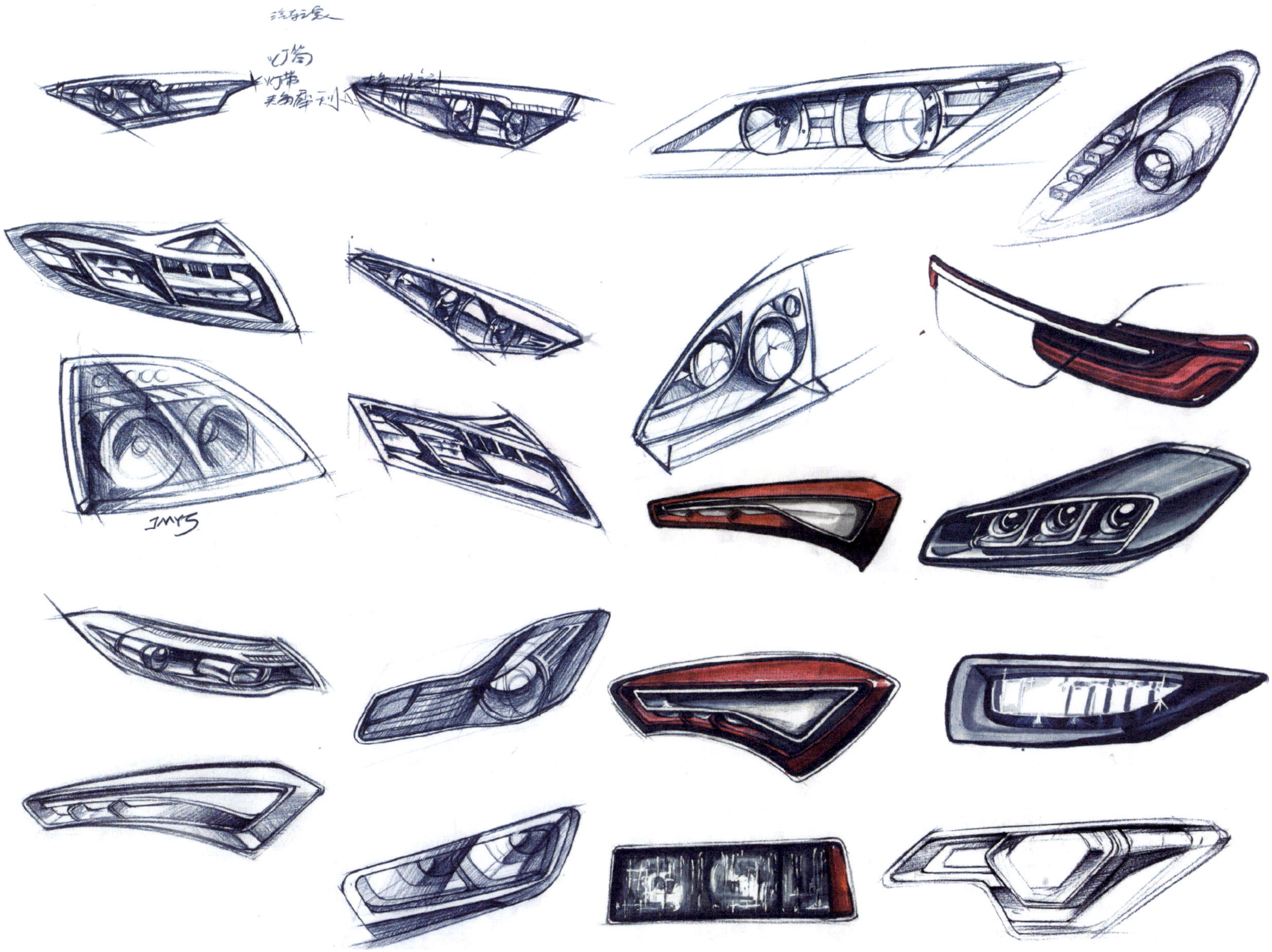

三、方向盘

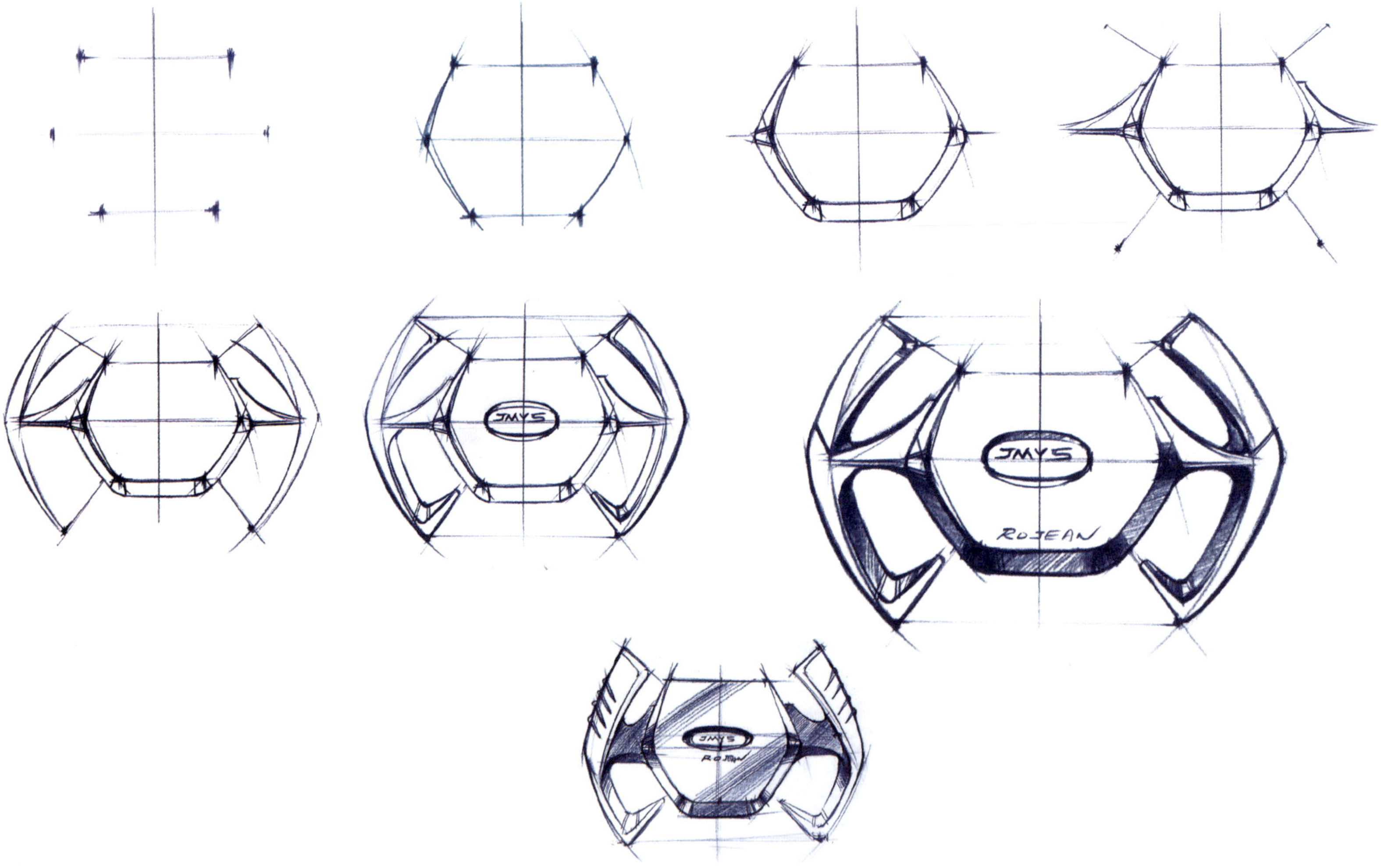

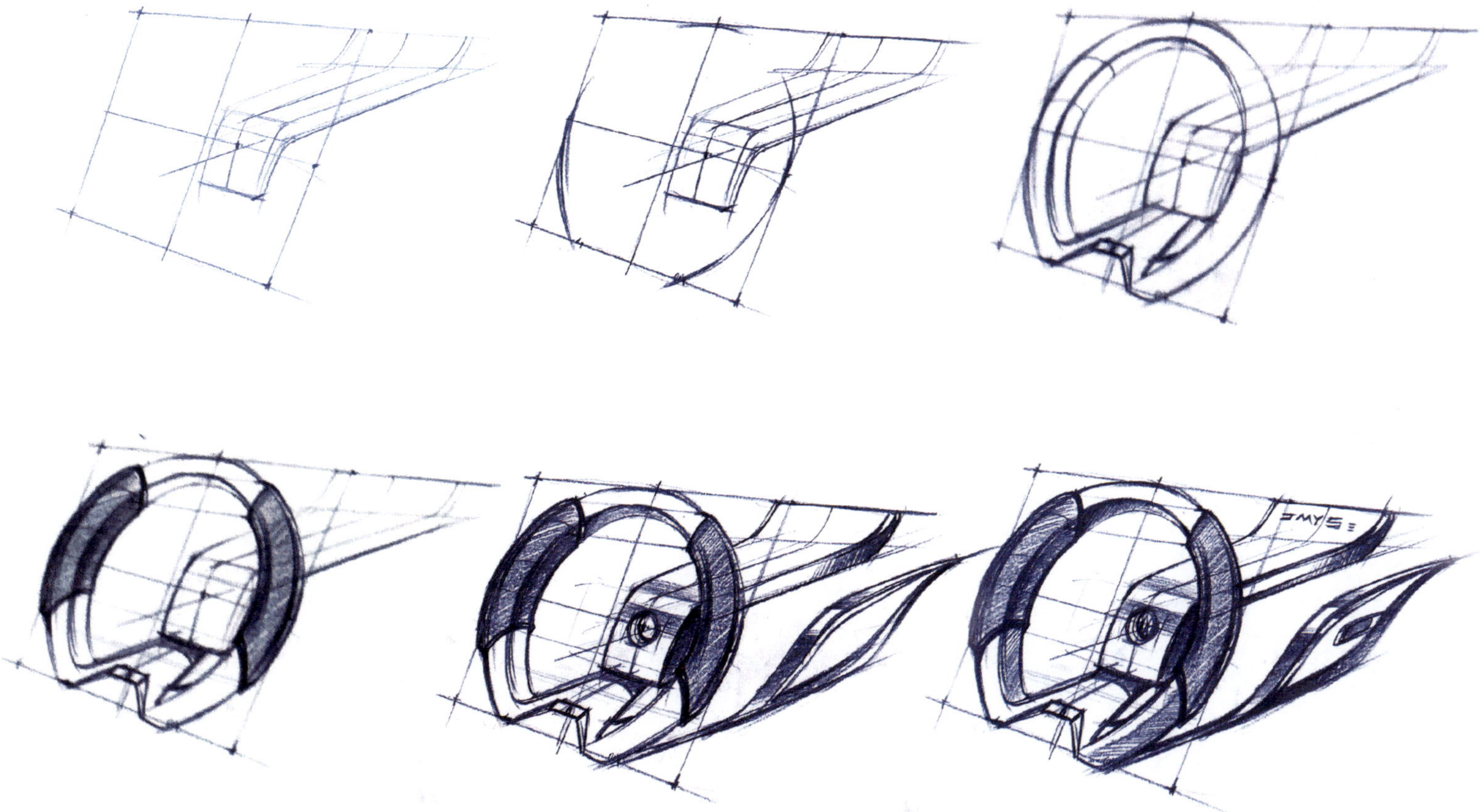

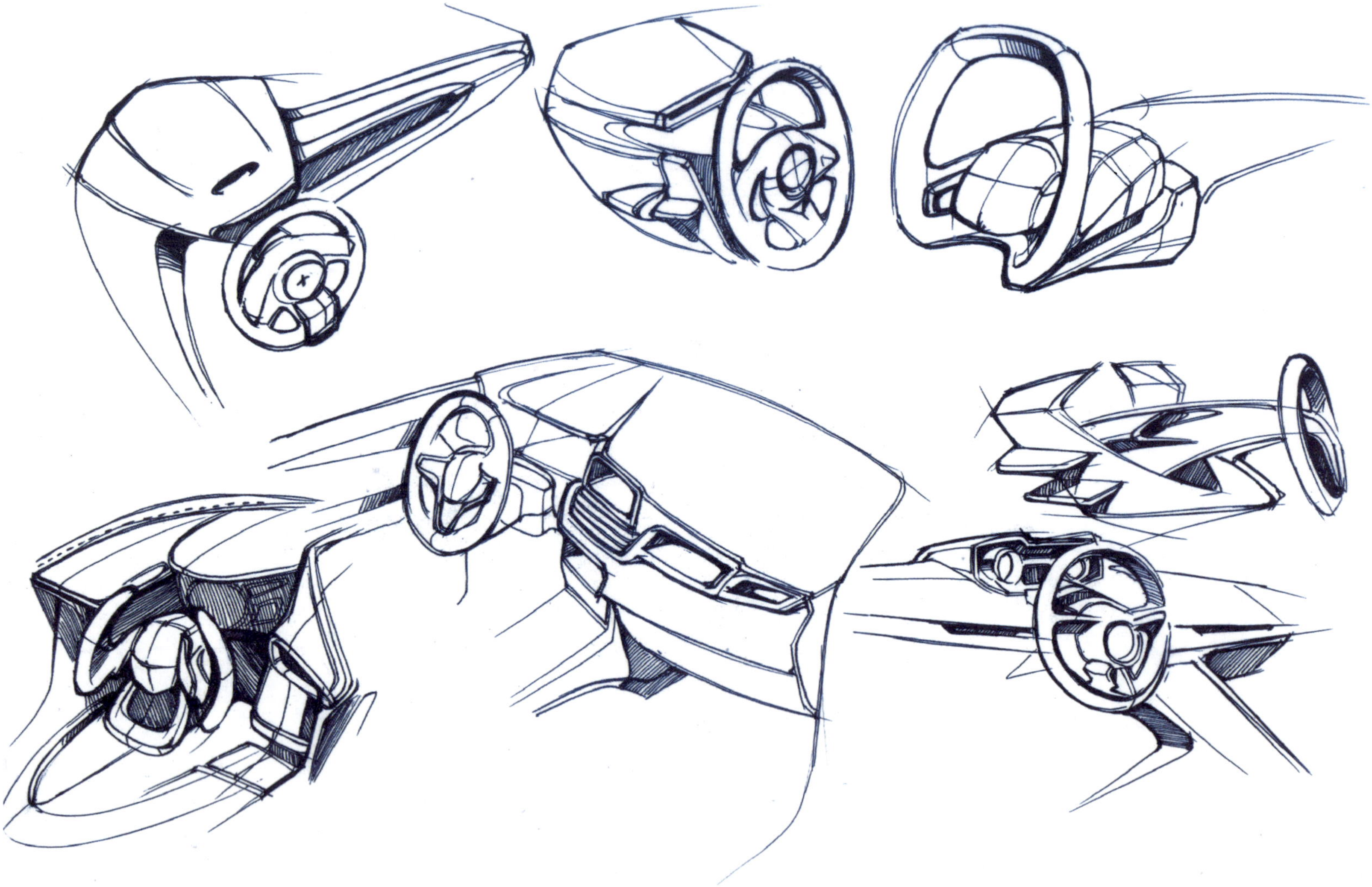

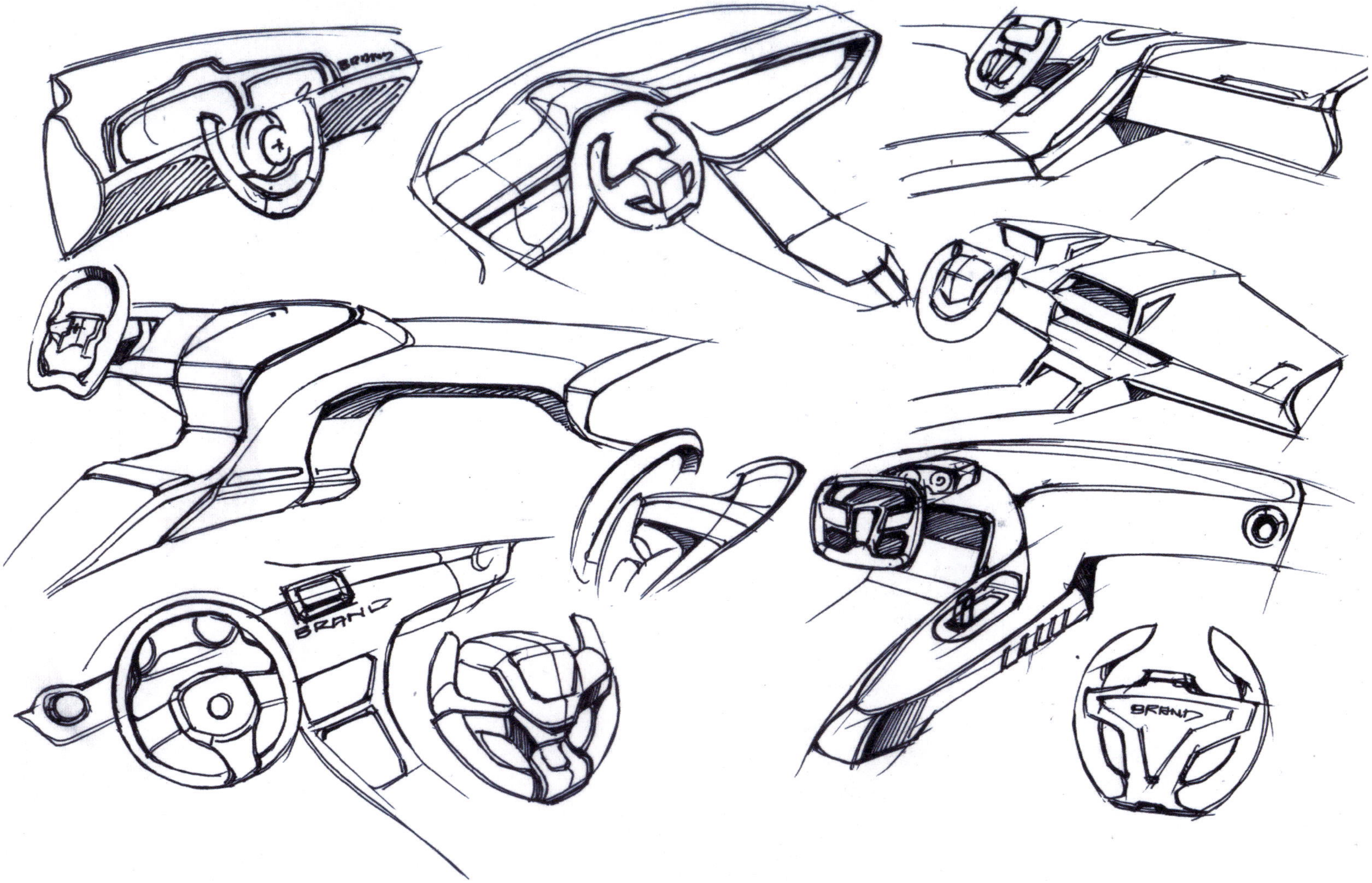
BRAND
BRAND

四、座椅

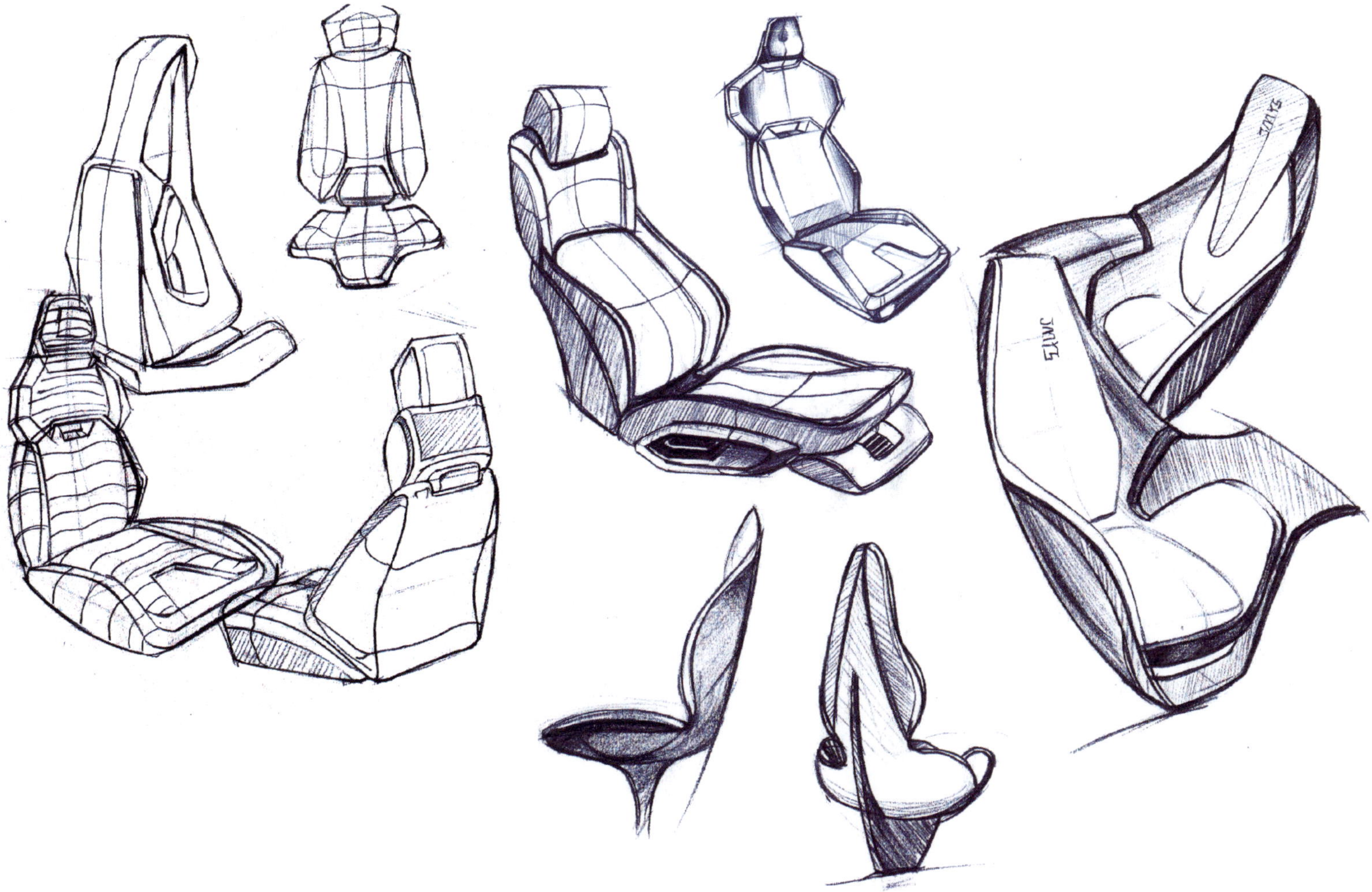

五、仪表操作台

① 先画出操作台的大体轮廓线、结构线。

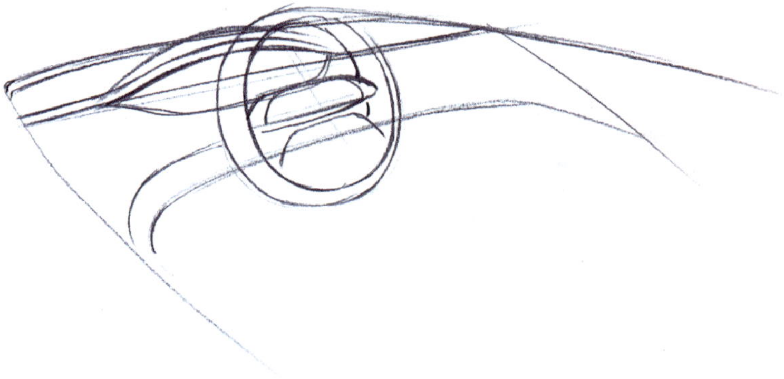

② 以上一步画好的大体结构线为基准定出方向盘的位置，注意正圆的透视关系。

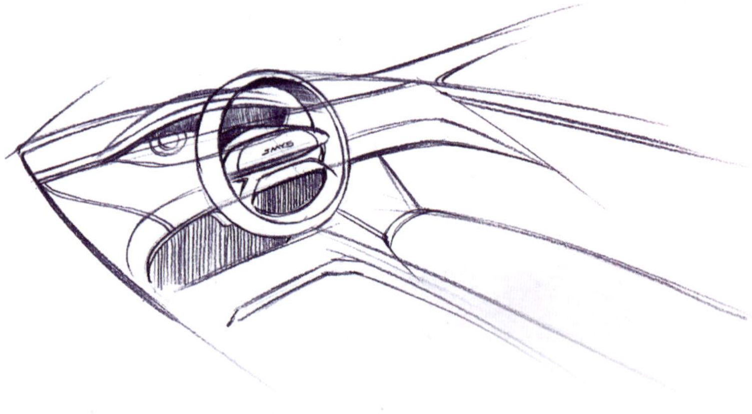

③ 用密集排线方式表达操作台的投影，表现出层次感。

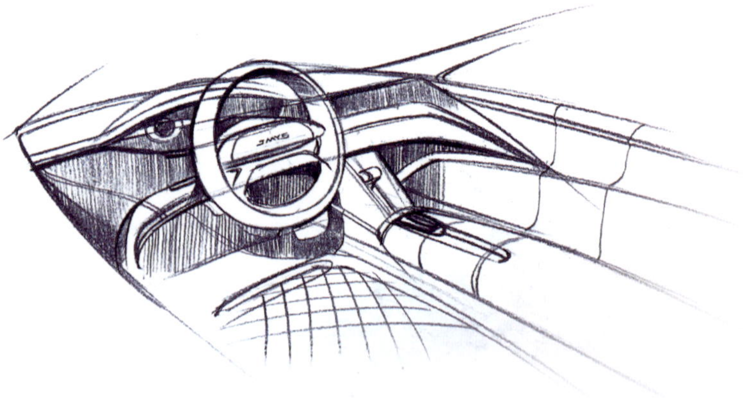

④ 逐步刻画出其他细节，局部的小零件都要画出，仪表盘的光影要表现到位。

六、轿跑内饰

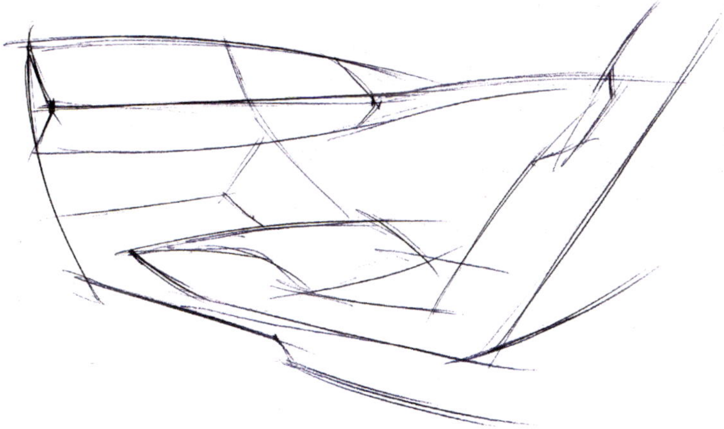

①

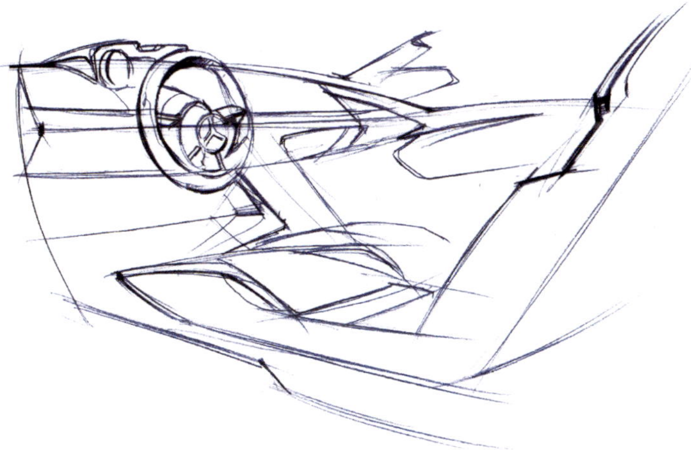

②

③

④

⑤

⑥

第三章 03 Chapter

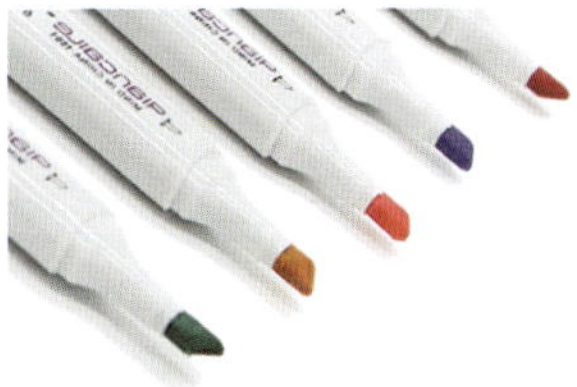

汽车设计手绘案例解析

一、跑车

案例1

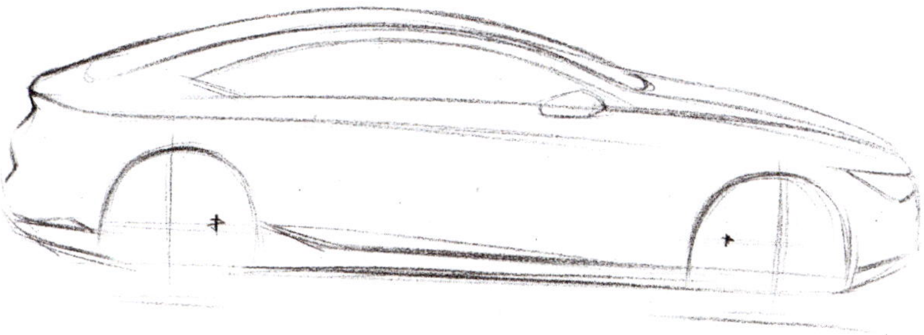

① 透视要注意比例的问题。

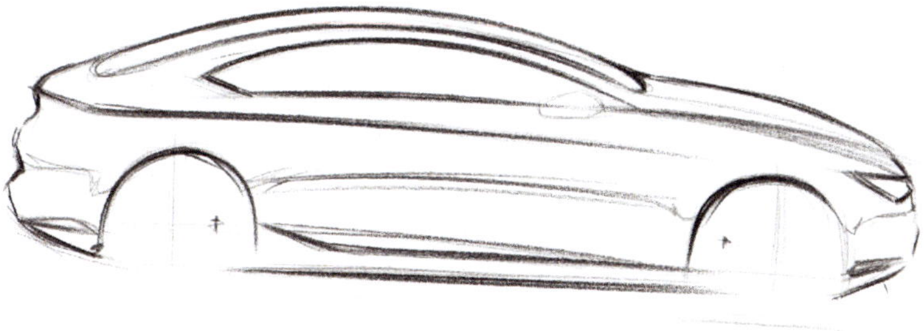

② 透视比例找好后加深颜色。

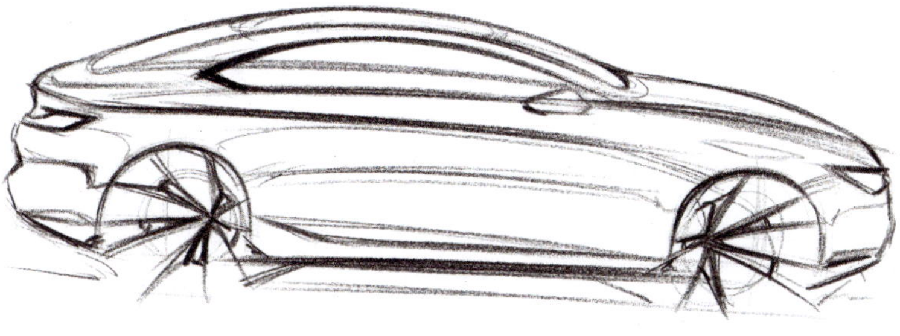

③ 画出虚实里虚的那一部分，也就是光影变化。

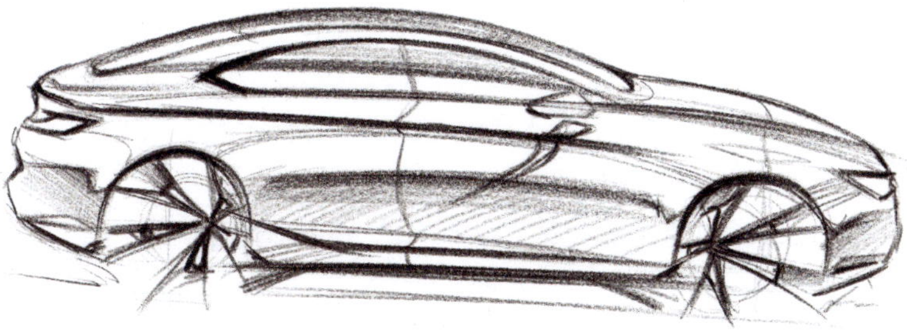

④ 铺上调子。

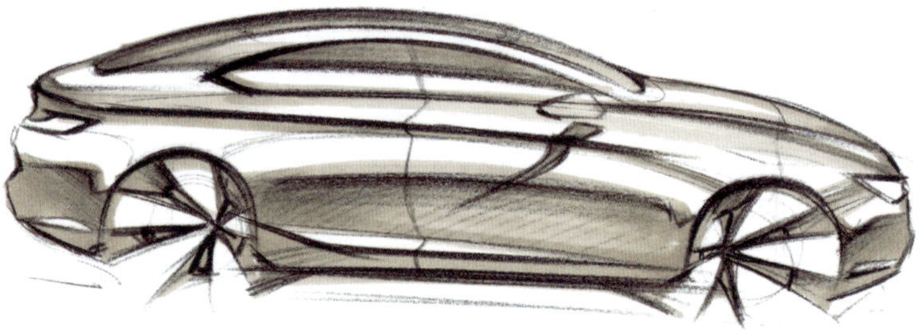

⑤ 大面积铺色。

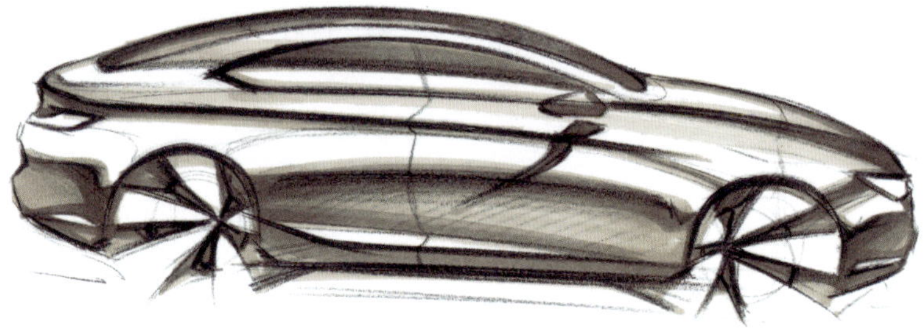

⑥ 暗部处理，分清亮面暗面。

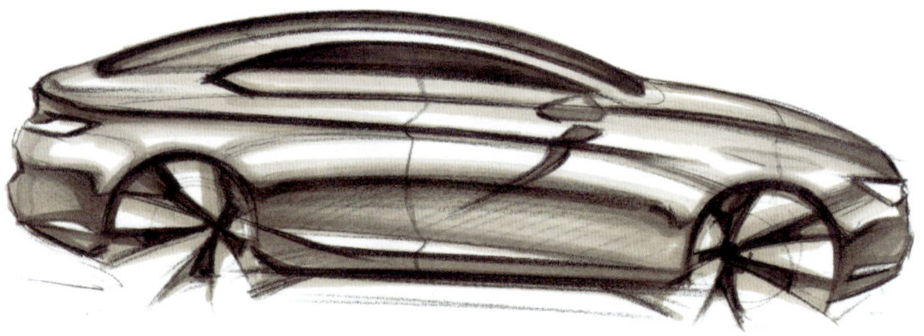

⑦ 画出黑色和灰面。

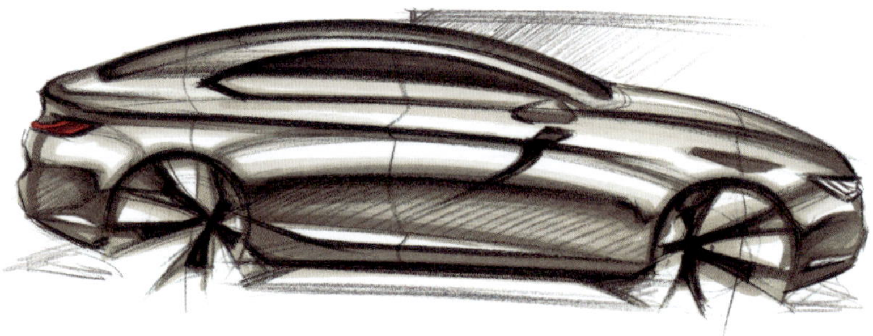

⑧ 刻画细节，再次排线。

案例2

① 画出大体轮廓，确定透视关系和辅助线。

② 细节深入，画出前脸造型和轮毂。

③ 加重轮廓线，交代一下剖面线。

④ 画出光影关系表达体量感。

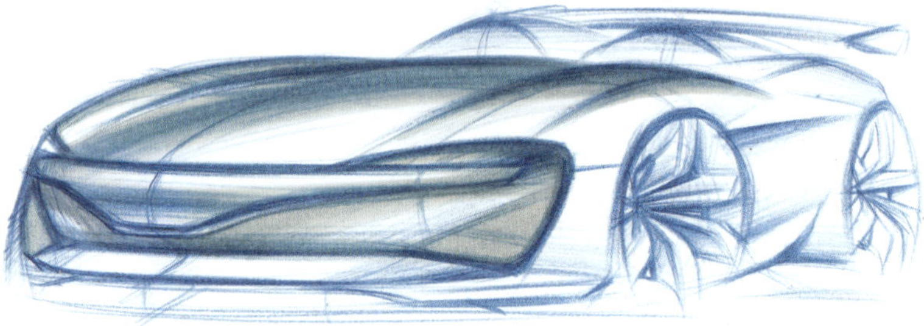

⑤ 铺上一层固有色。

⑥ 加深暗面。

⑦ 深化细节，把曲面光影表达充分。

⑧ 最后收尾，刻画细节。

案例3

案例4

① 勾勒出大致线条。

② 加深线条，画出轮毂造型。

③ 继续添加线条。

④ 铺出光影。

⑤ 用一种灰色平铺。

⑥ 把最深的颜色画上。

⑦ 继续深化。

⑧ 刻画细节。

案例5

① 平视角度，注意透视比例关系。

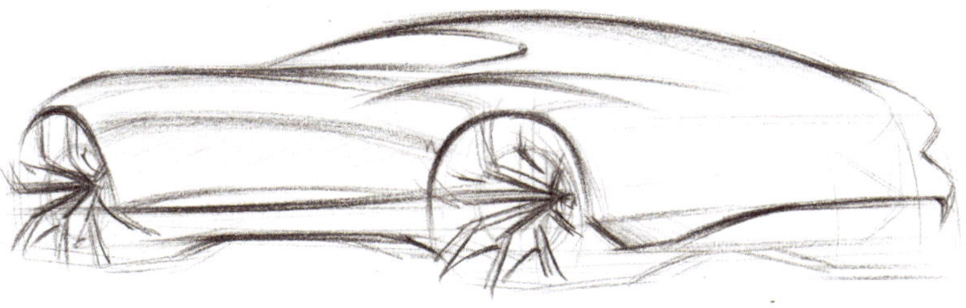

② 画出特征线和轮毂造型。

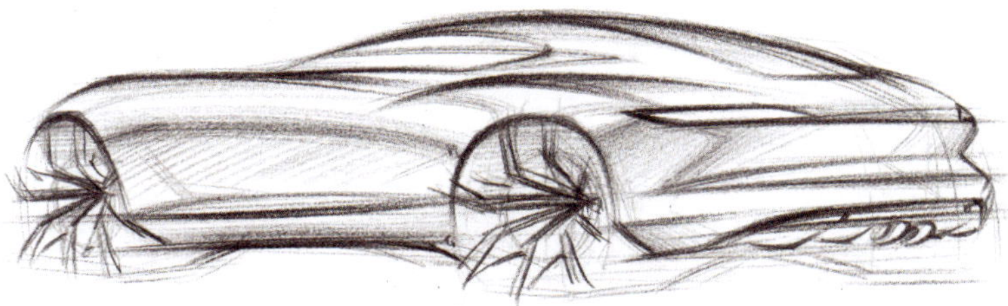

③ 铺调子，分析光影变化。

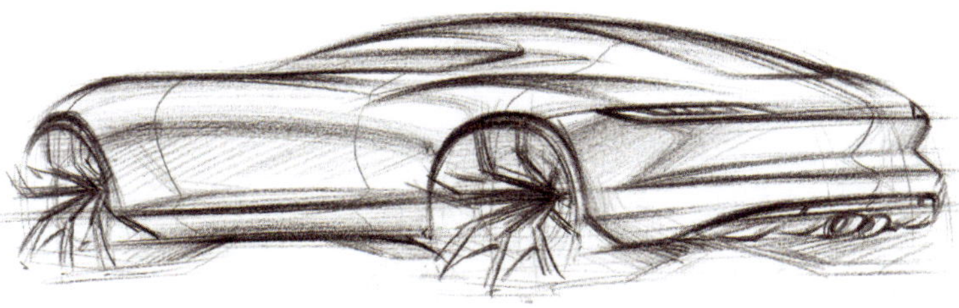

④ 加入一些细节造型。

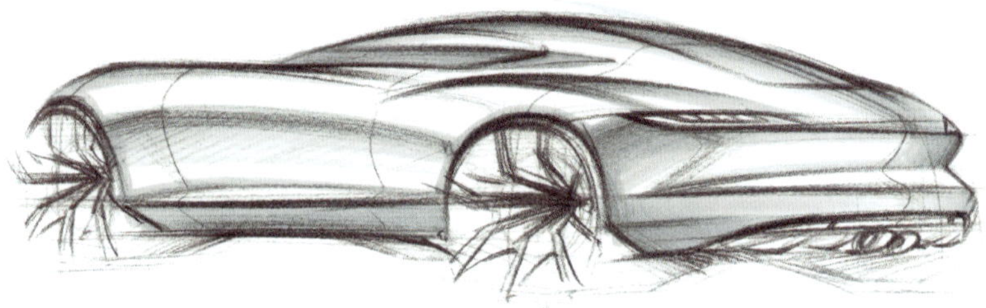

⑤ 快速平辅车身光影。

⑥ 用更深的一个色号做暗部和过渡。

⑦ 加上投影，不要画得太死。

⑧ 补充细节，尾灯、轮毂、排线等。

案例6

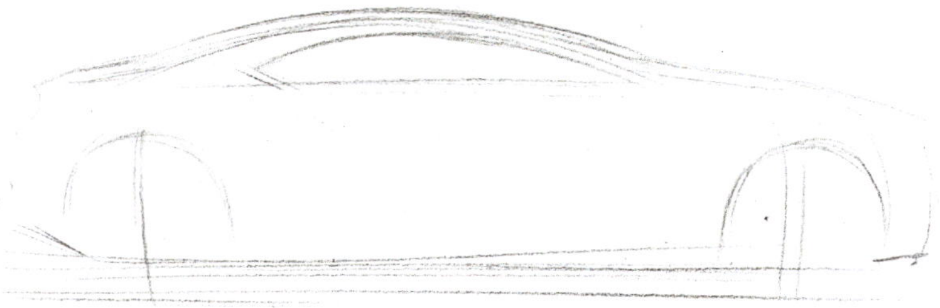

① 一点透视，注意比例。

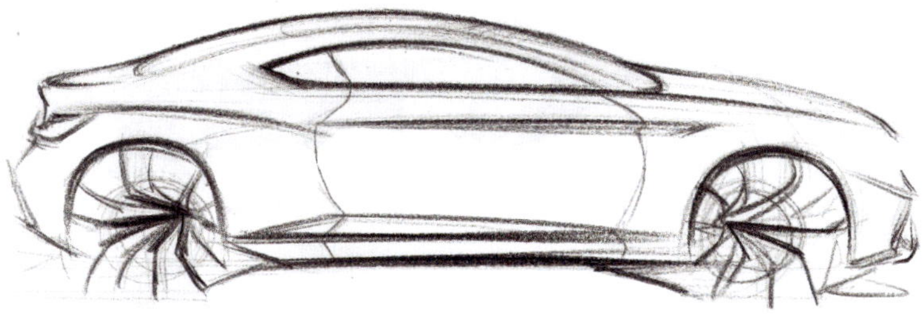

② 加重线条和轮毂造型。

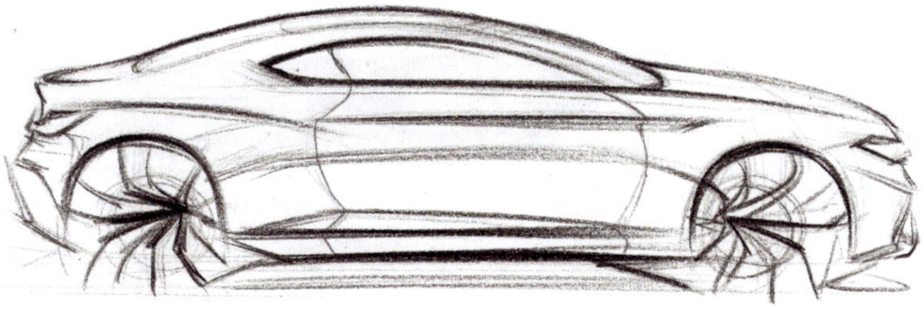

③ 画出明暗交界线和一些细节。

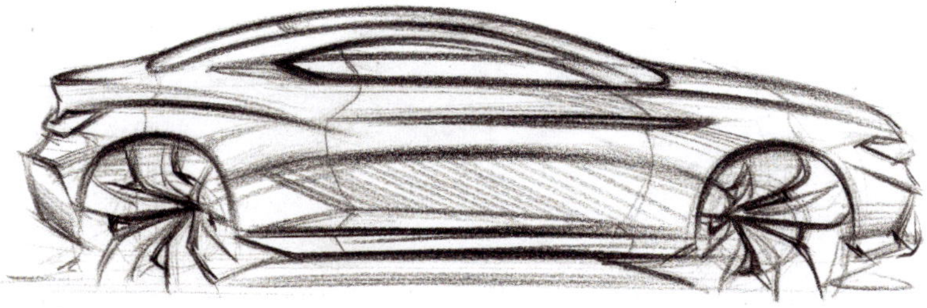

④ 铺上光影调子。

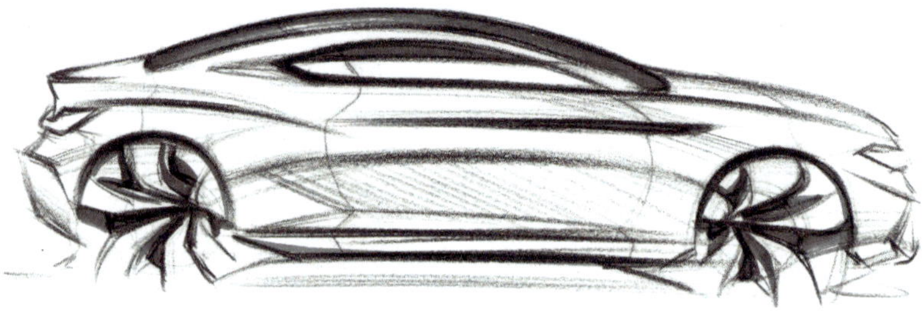

⑤ 画出轮毂和玻璃的重色。

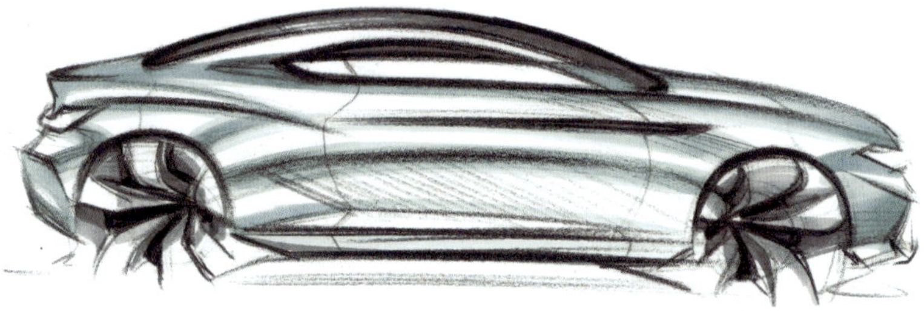

⑥ 铺上车身颜色。

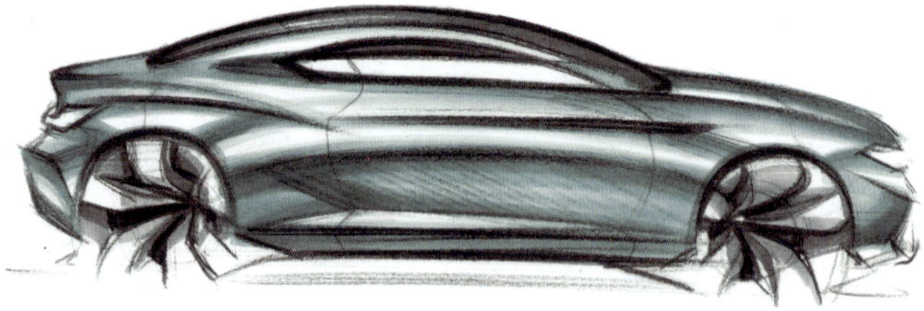

⑦ 在处理过渡和灰面时，与其他案例相似。

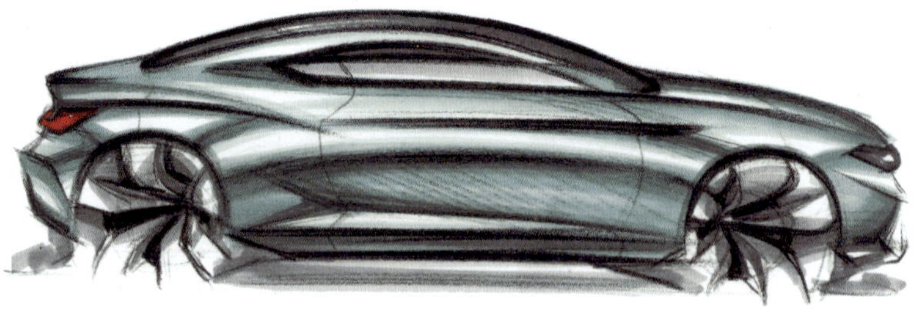

⑧ 丰富细节。

跑车设计手绘草图

二、概念跑车

案例1

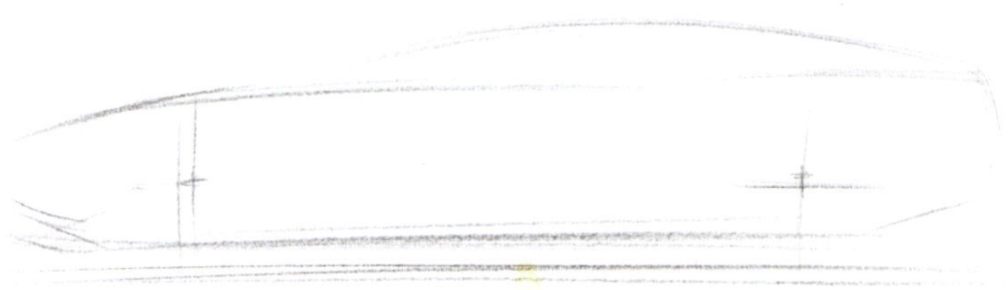

① 侧面要注意的是比例关系，没什么透视。

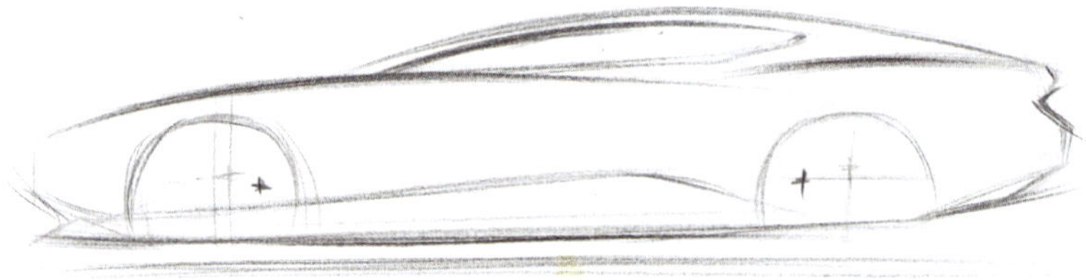

② 确定一下侧面腰线和裙线的特征。

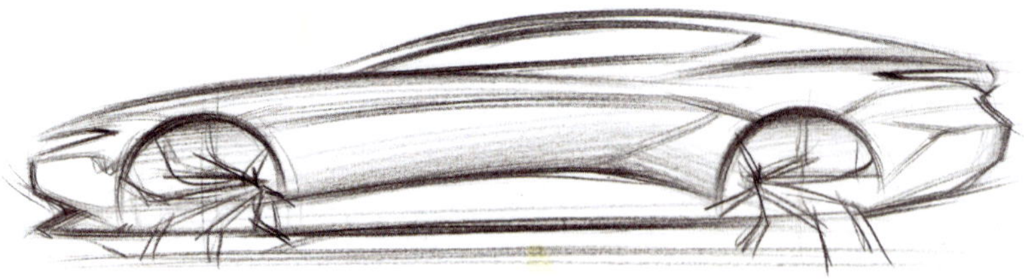

③ 再画出光影和轮毂。

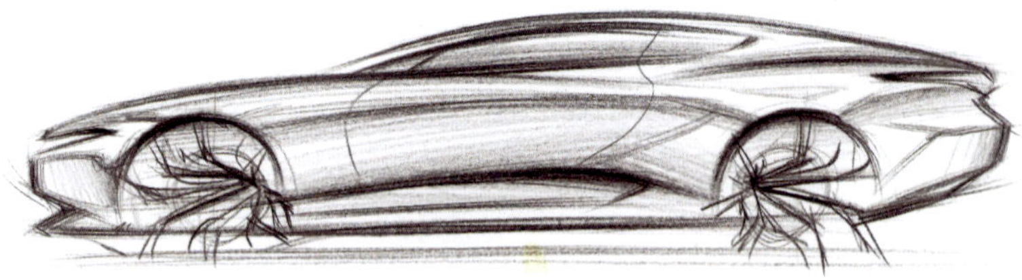

④ 深化细节，铺一些光影调子。

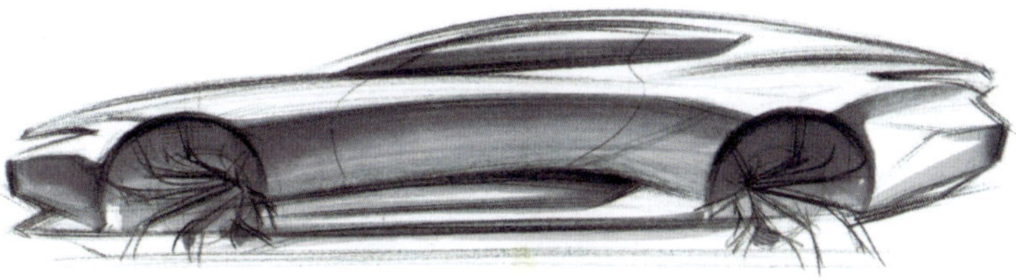

⑤ 快速画出暗部区域，简单概括。

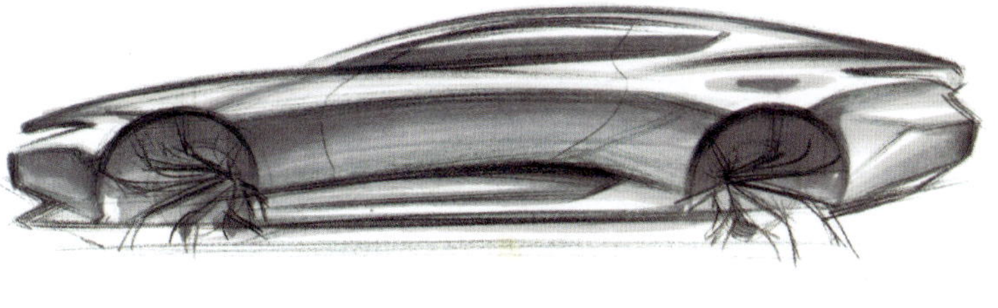

⑥ 再画出灰面和曲面的转折关系。

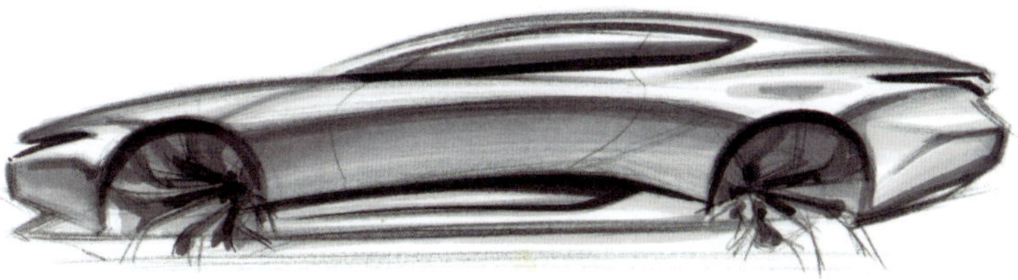

⑦ 画出黑色区域、轮子和侧窗位置。

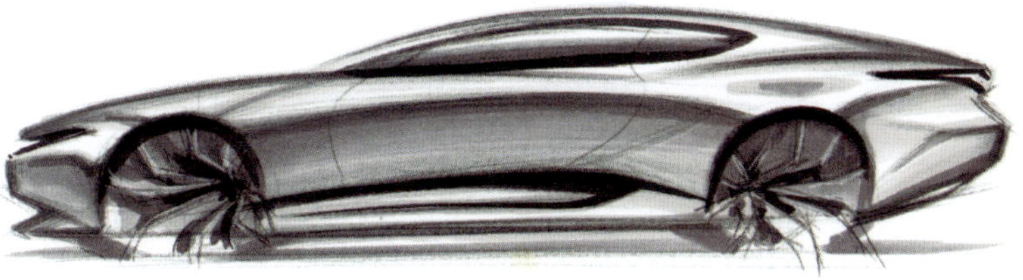

⑧ 补充车轮细节和车灯细节。

案例2

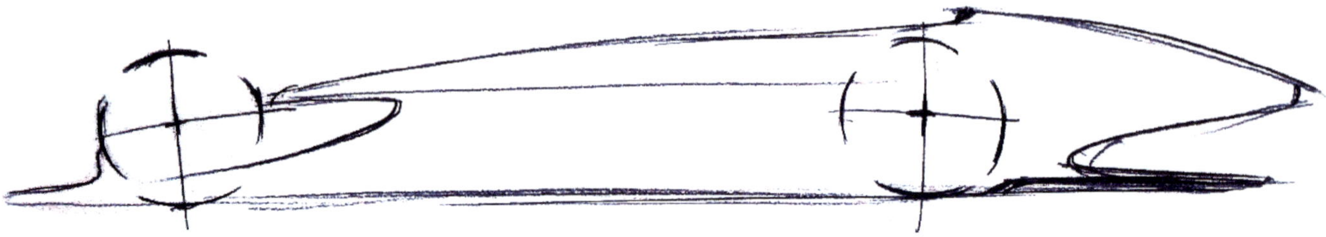

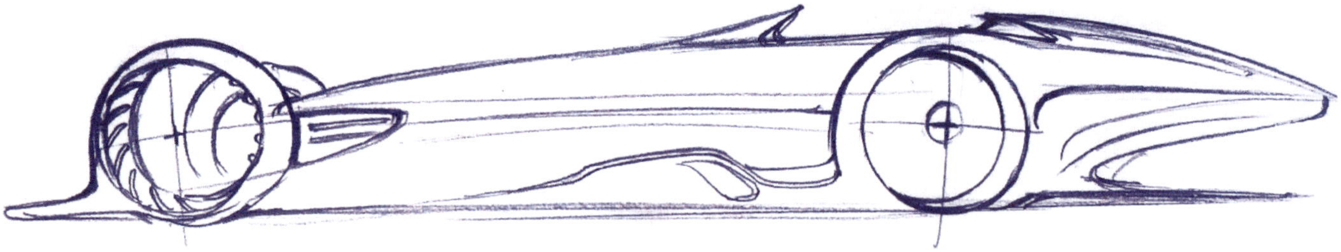

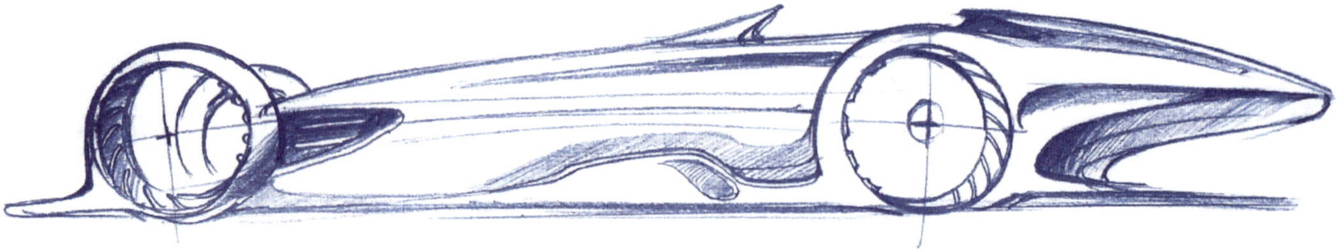

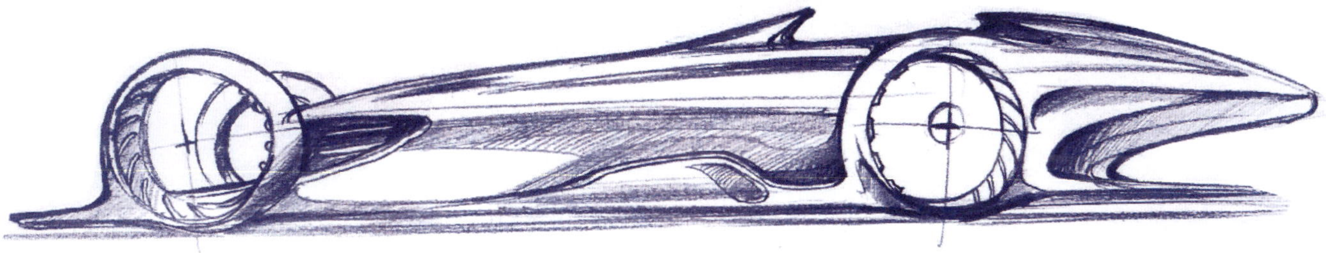

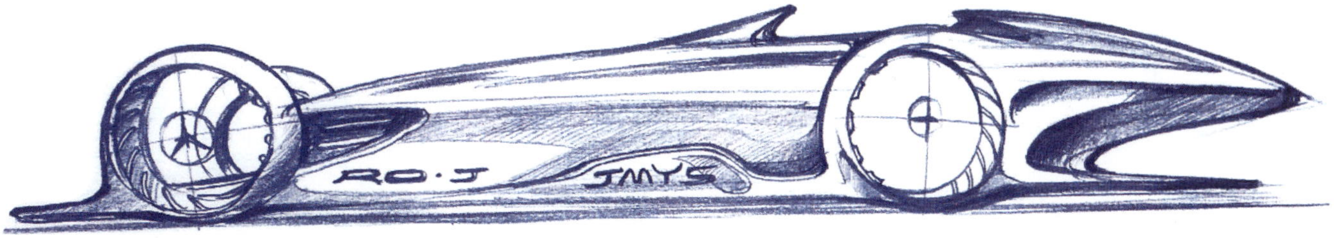
RO·J
JMYS

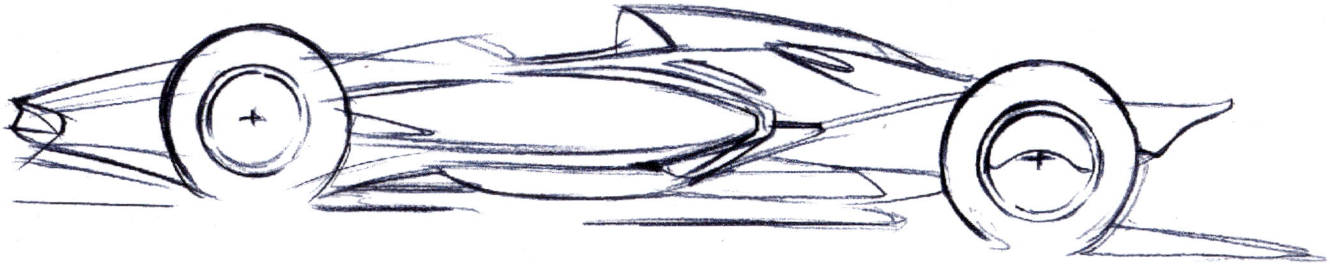

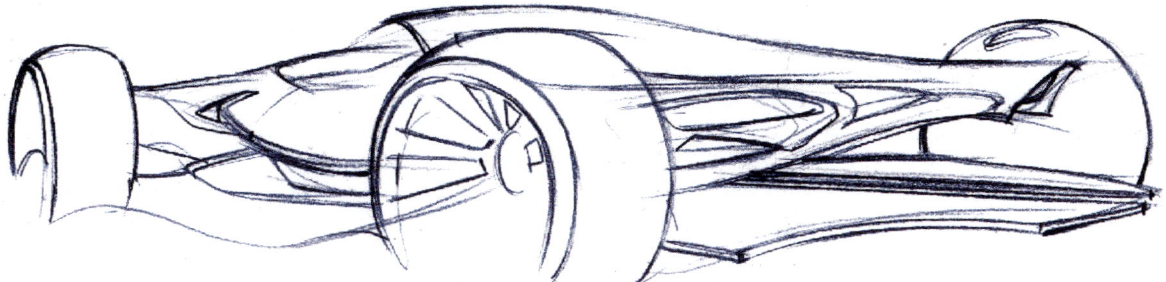

案例3

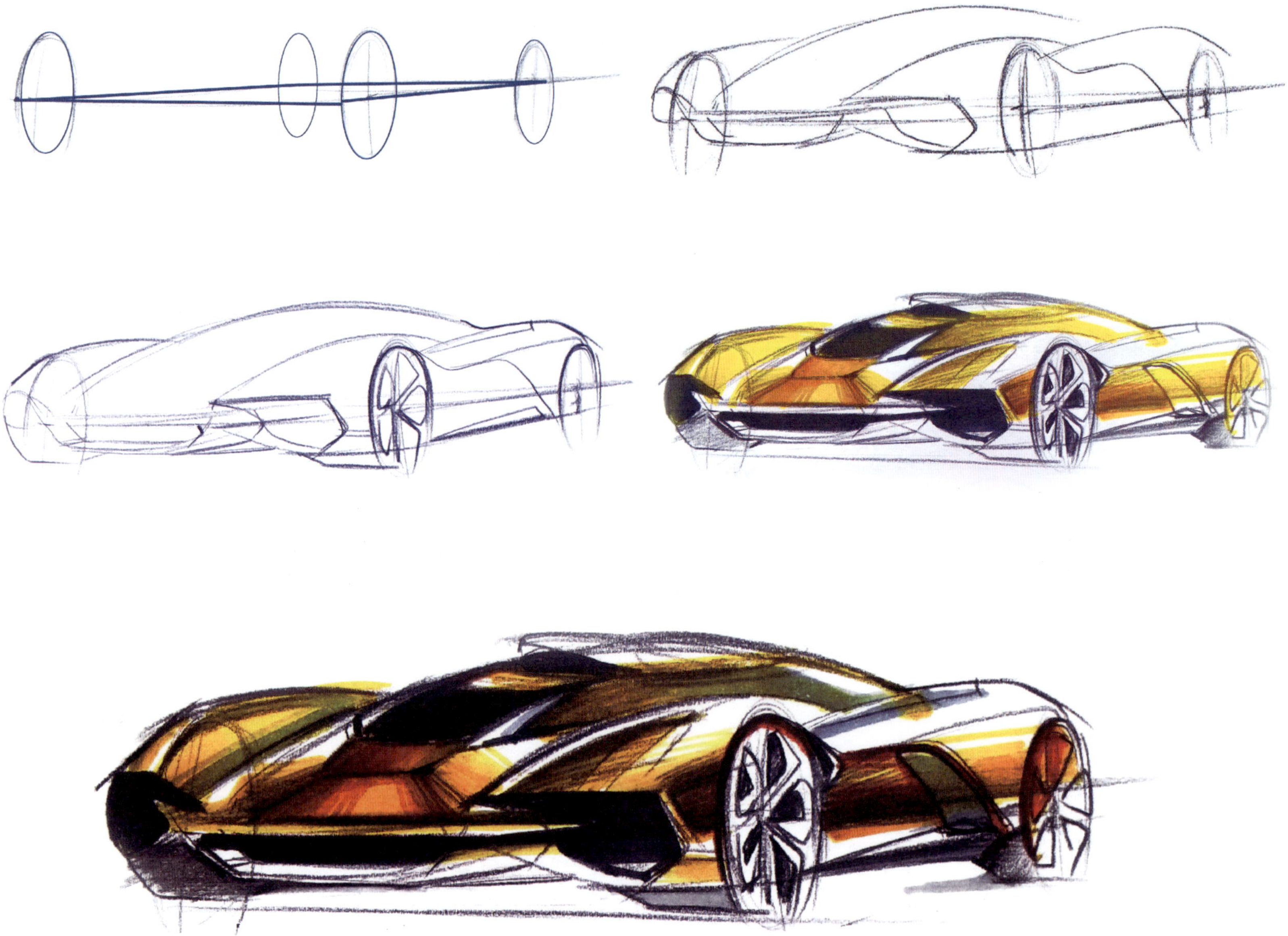

JMYS

三、超级跑车

案例1 45° 视角手绘

① 设定车型和想法，画出大致轮廓和角度，注意透视。

② 加深着重表现部位，如车头造型，简单概括体块。

③ 画出车灯细节，丰富车身光影。

④ 简单铺上一层灰色，留出亮面。

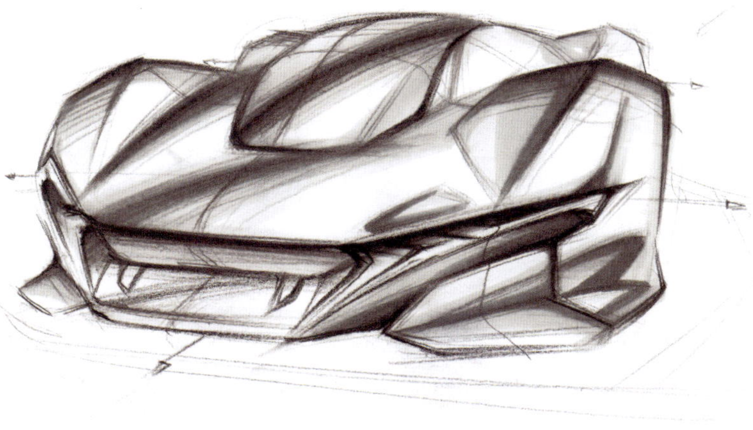

⑤ 加重颜色，过渡要自然。

⑥ 画出最重的颜色，寻找对比。

⑦ 继续深化细节，对比要有，过渡也要有。

⑧ 简单画一下地面投影。

案例2 前脸

① 正面车型要找准比例和对称性。

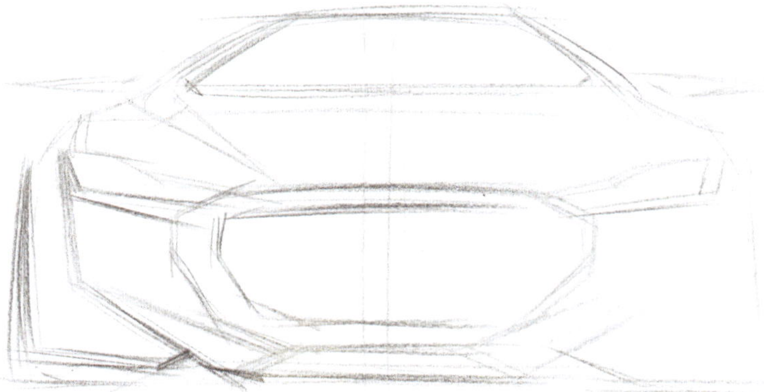

② 画出进气格栅和车灯造型。

③ 画出光影关系和近深。

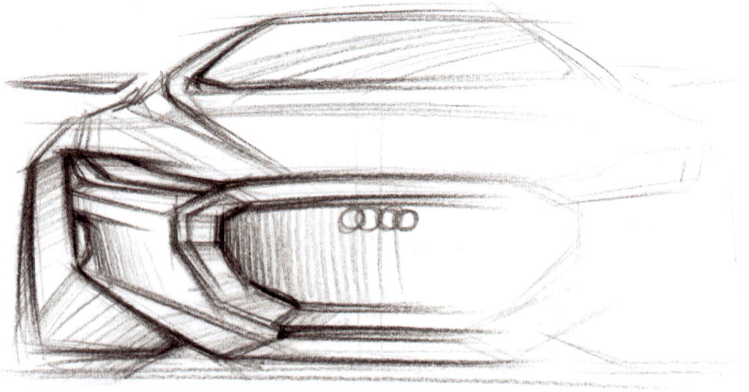

④ 丰富细节。

⑤ 铺上暗部深色。

⑥ 车身用商务灰画。

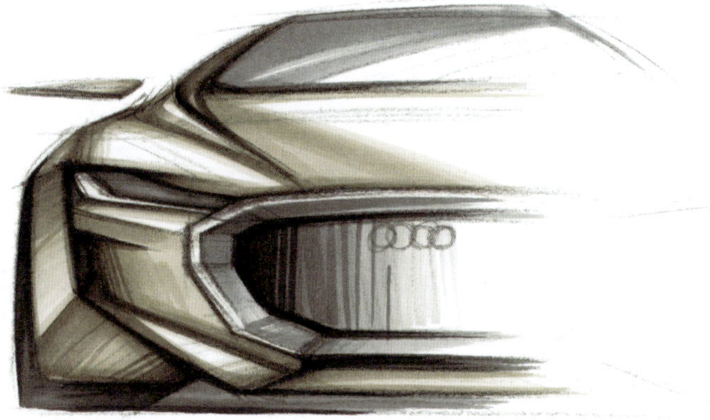

⑦ 画出车身颜色的深色，表现暗部近深。

⑧ 再画出车灯细节和进气格栅。

案例3 后视图

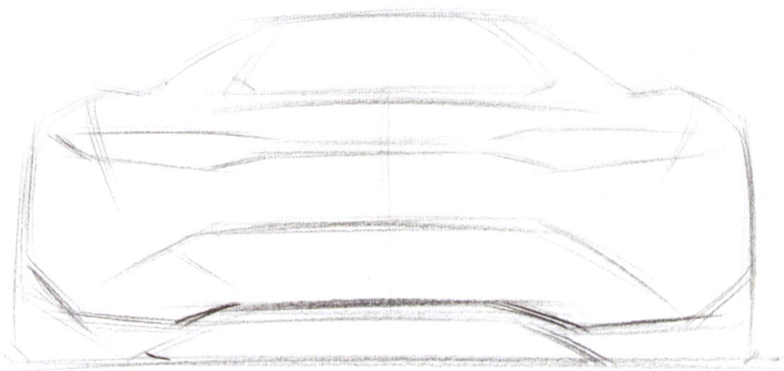

① 尾部和正面一样保持对称性。

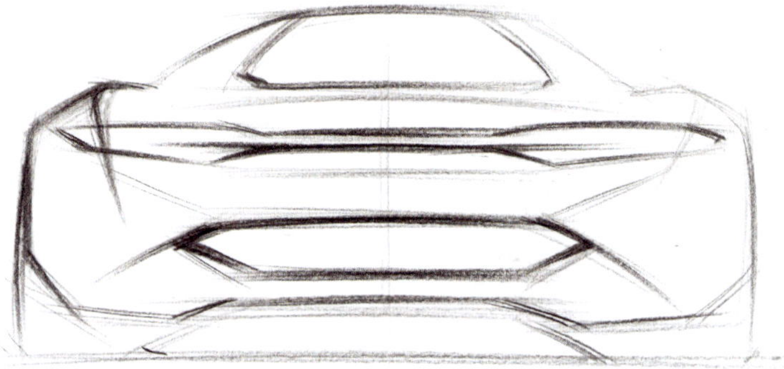

② 加深颜色和车灯造型。

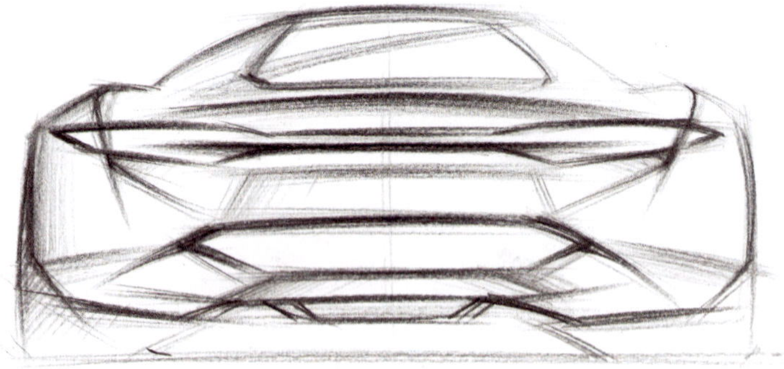

③ 加上光影调子。

④ 表达清楚体块转折关系。

⑤ 画出黑色和车身颜色。

⑥ 依次补充光影和造型等。

⑦ 画出尾灯细节。

⑧ 几个大体块的转折表示更明显一点。

案例4

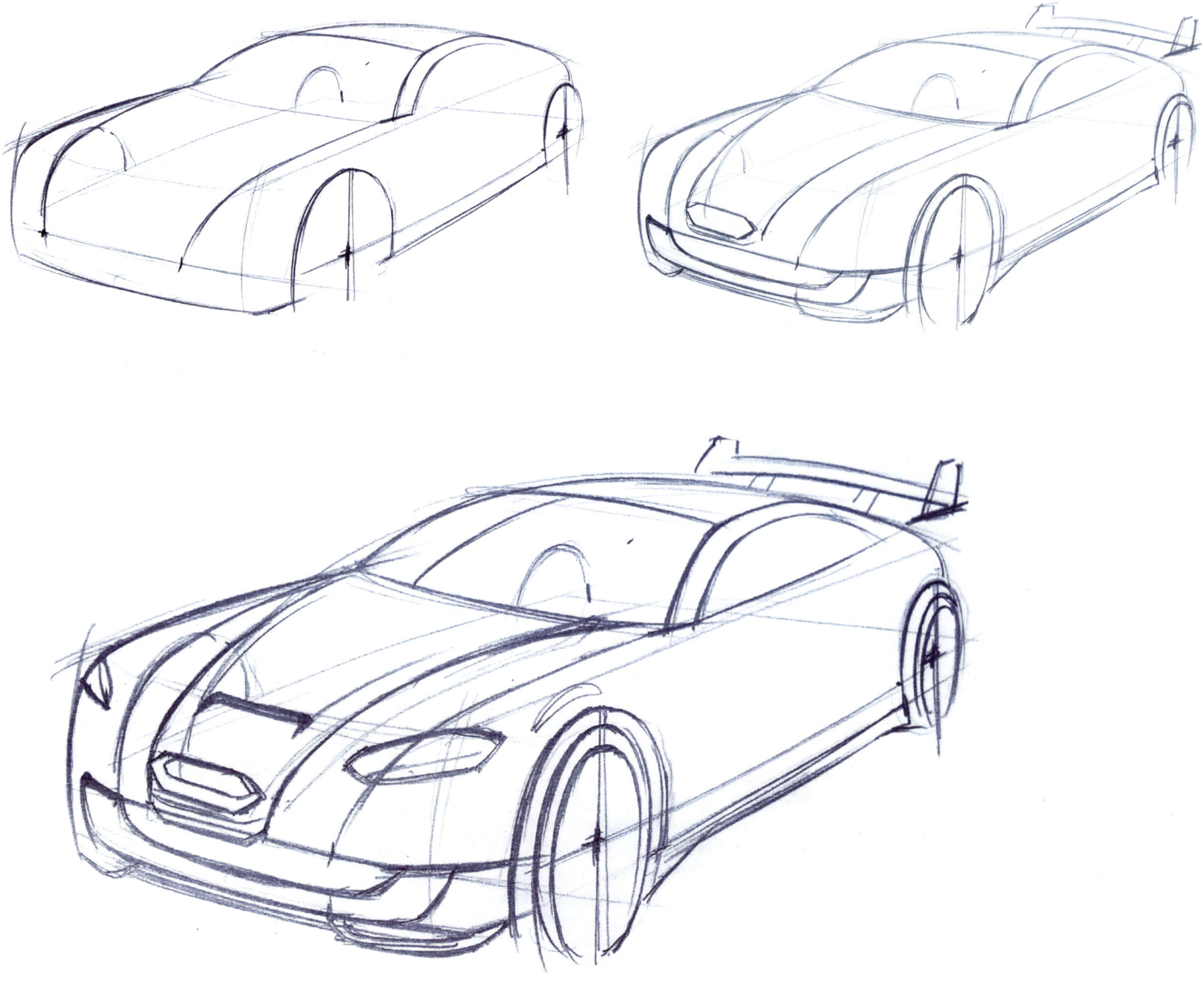

案例5 超级跑车+摩托车

视平线平直前视图

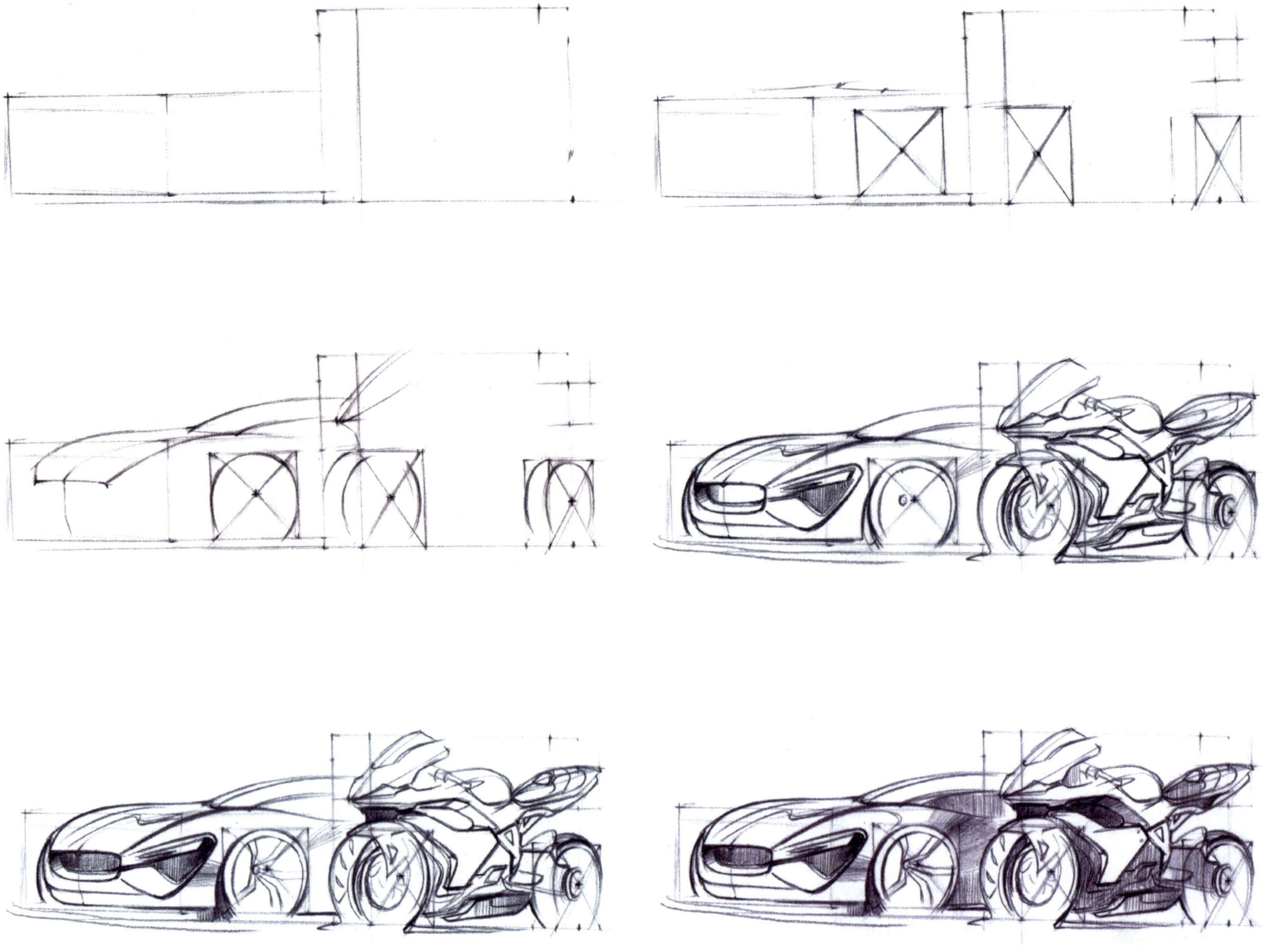

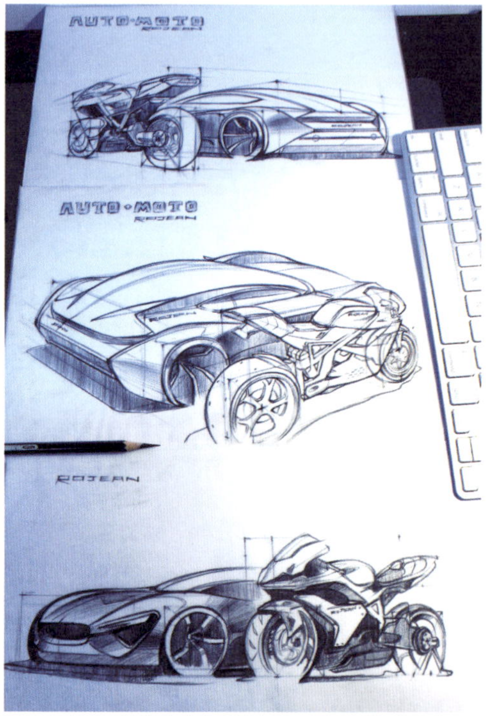
AUTO·MOTO
AUTO·MOTO
ROJEAN

ROJEAN

视平线平直后视图

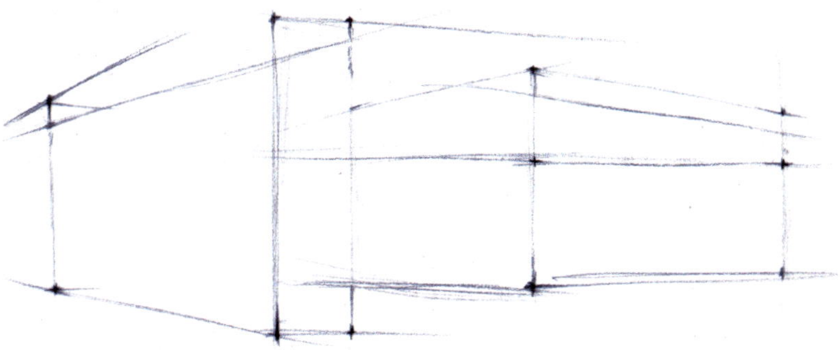

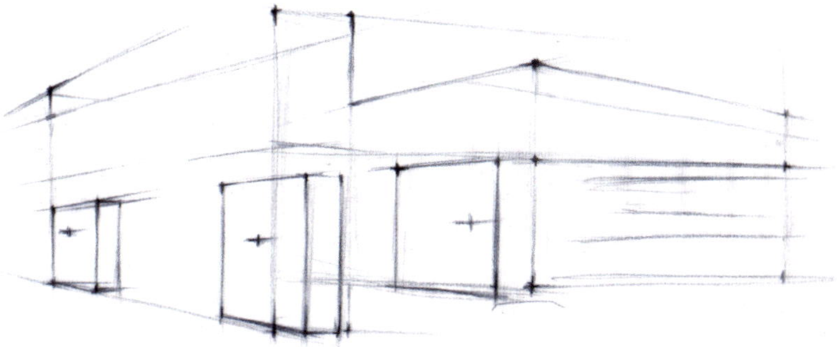

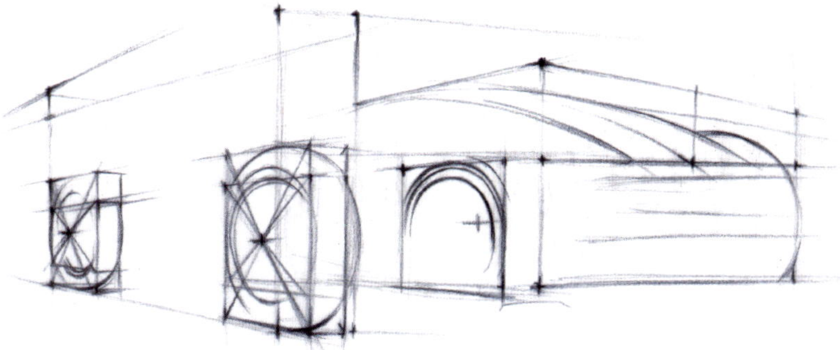

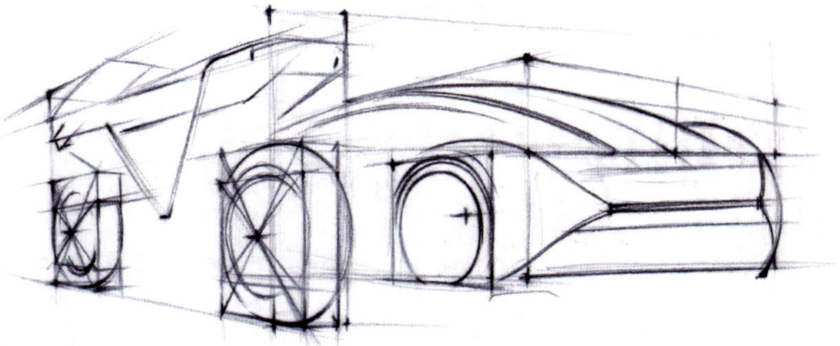

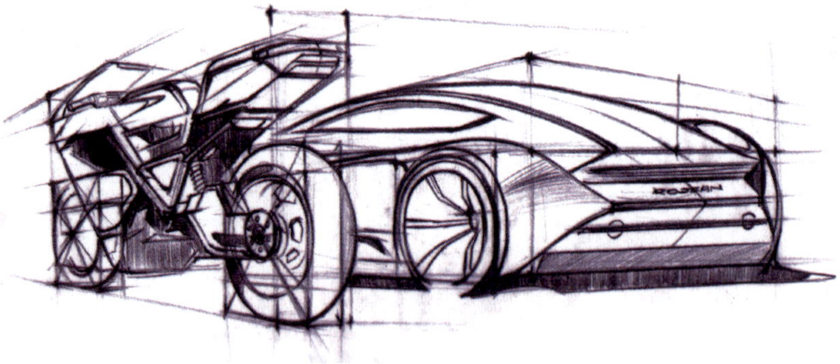

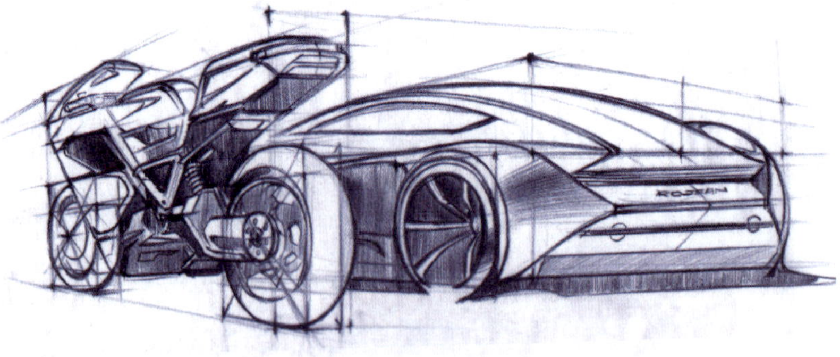

俯视角度后视图

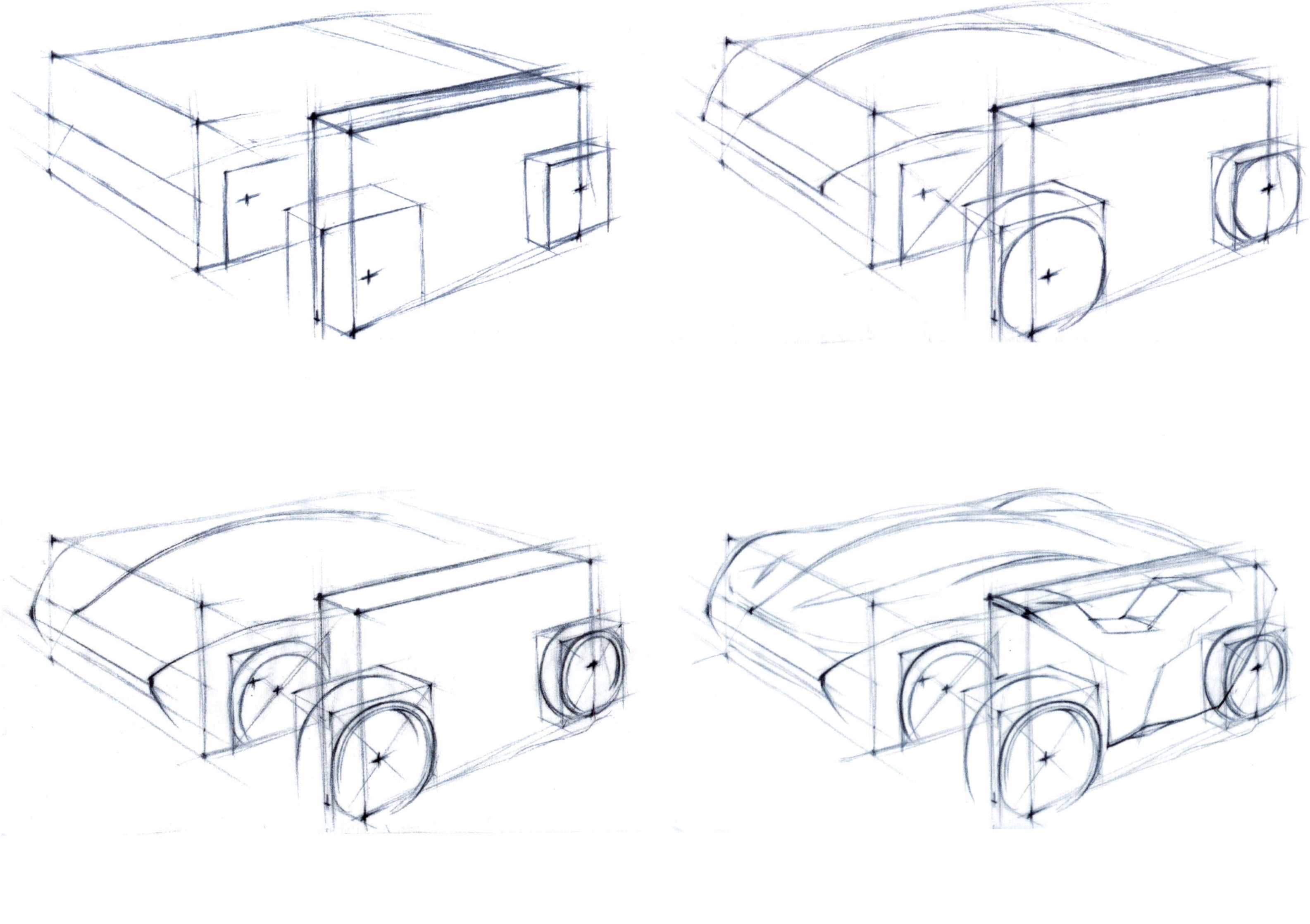

四、轿跑

案例1

① 起型阶段，注意透视，画出基本轮廓线。

② 深入造型细节，加重线条属性。

③ 画出曲面形态光影。

④ 深入刻画细节，注意虚实。

⑤ 铺一层浅灰色。

⑥ 把最深的颜色画出。

⑦ 画出暗面，明暗对比拉开。

⑧ 刻画细节。

案例2

① 起稿，透视比例最重要。

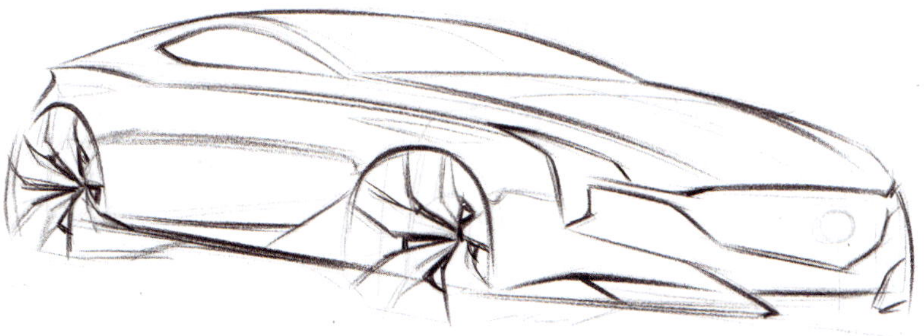

② 加重线条和轮毂。

③ 丰富造型。

④ 交代光影关系。

⑤ 铺一层暖灰，可以随意一些。

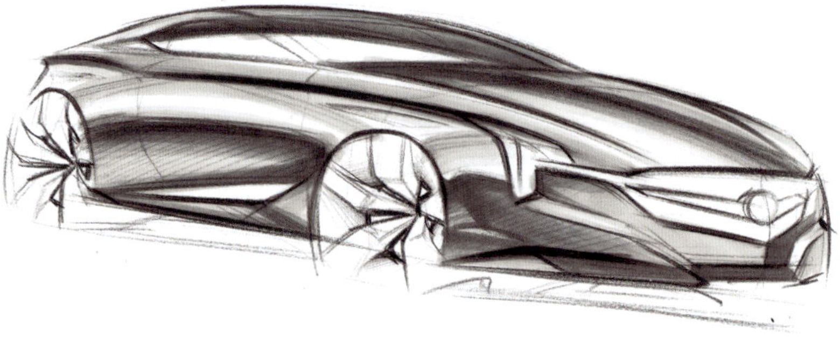

⑥ 加深车身色彩，黑白灰颜色要拉开，形成对比。

⑦ 画出黑色的位置，如轮毂、进气格栅处。

⑧ 丰富细节，再在车身上铺一层排线。

案例3

① 俯视角度的透视要注意车头和车尾转折处，很容易画错。

② 同样地，加深线条，形成虚实对比，简单概括地画出轮子。

③ 丰富细节，草图可以随意一些。

④ 交代光影关系。

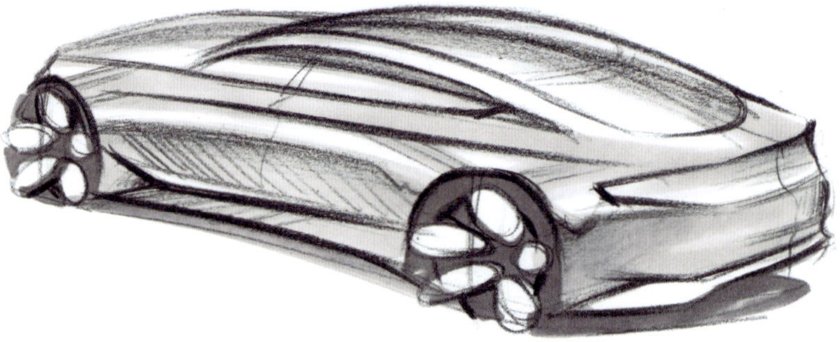

⑤ 大致铺上车身颜色和暗部颜色。

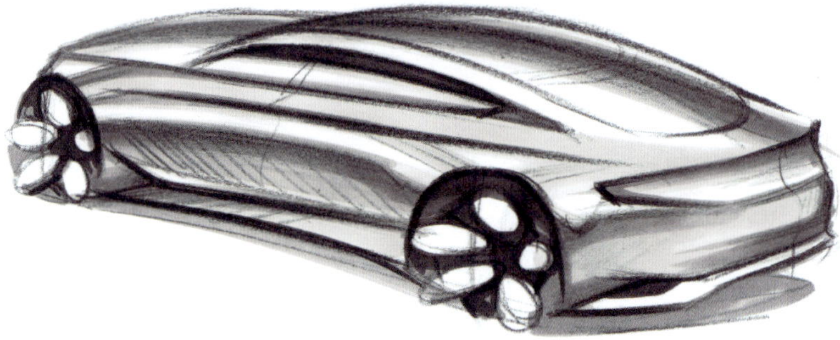

⑥ 加深最重色彩和车身深色的位置。

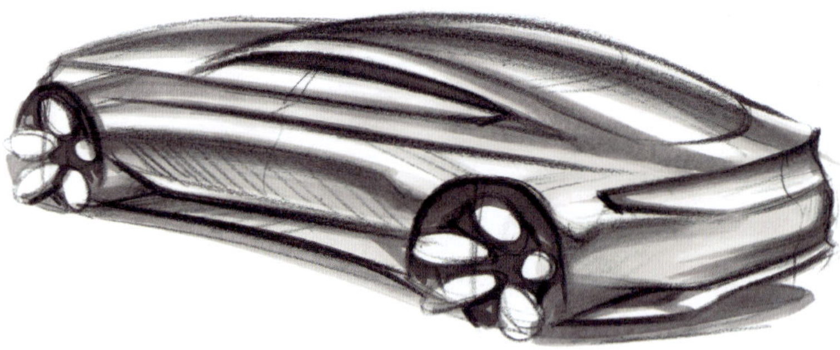

⑦ 深入细节。

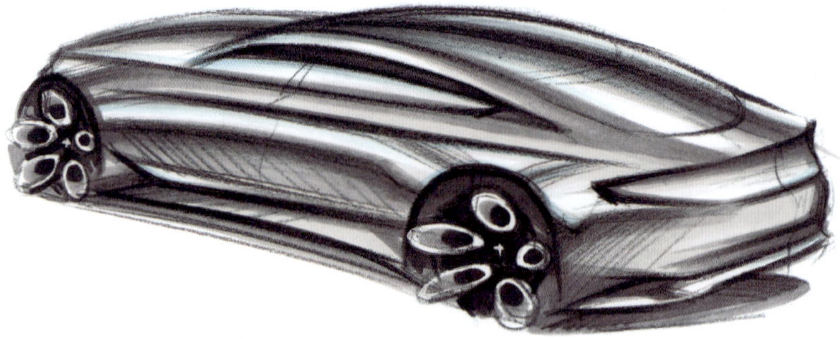

⑧ 刻画轮毂，加一些蓝色的笔触，增强丰富感。

案例4

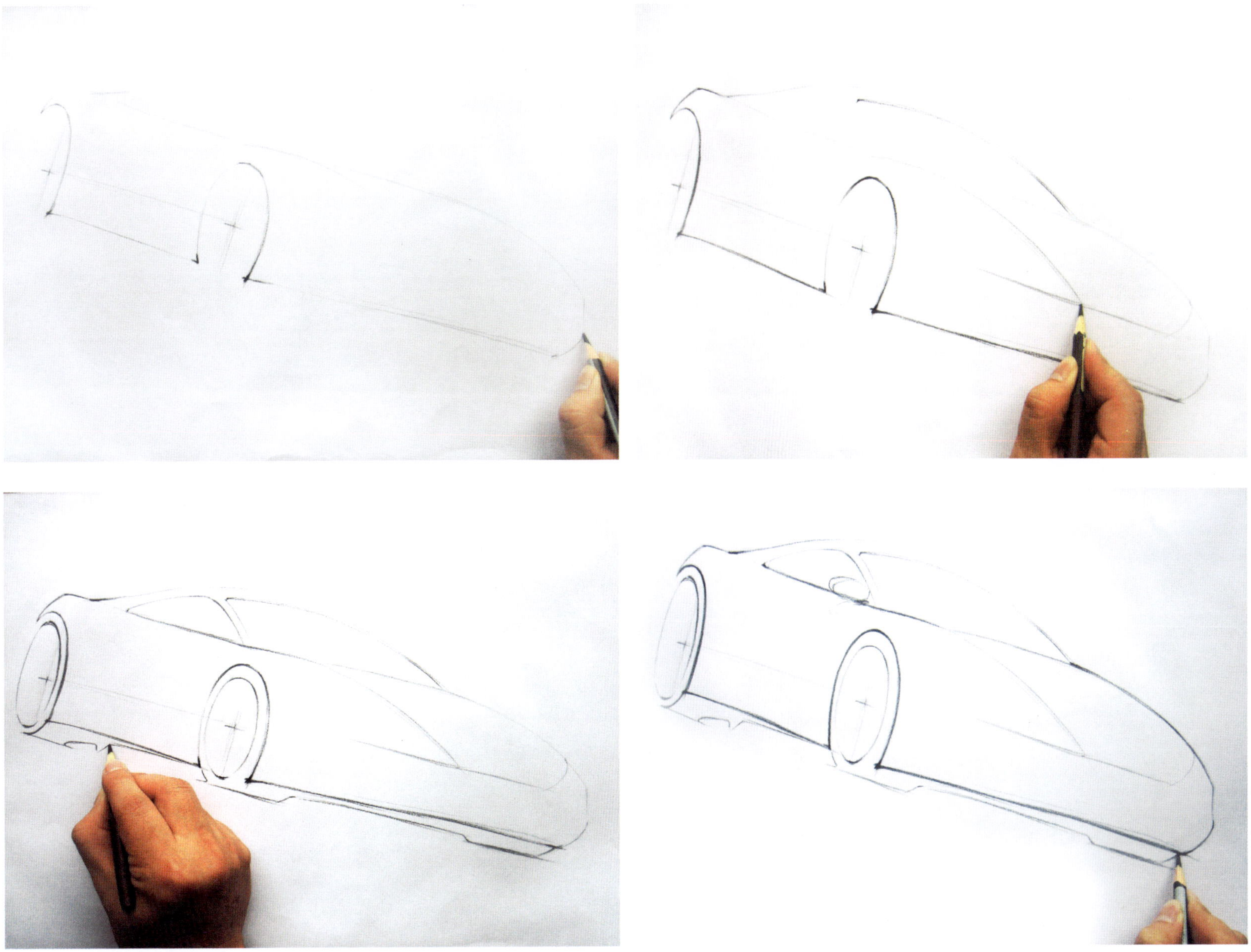

案例5 大众尚酷

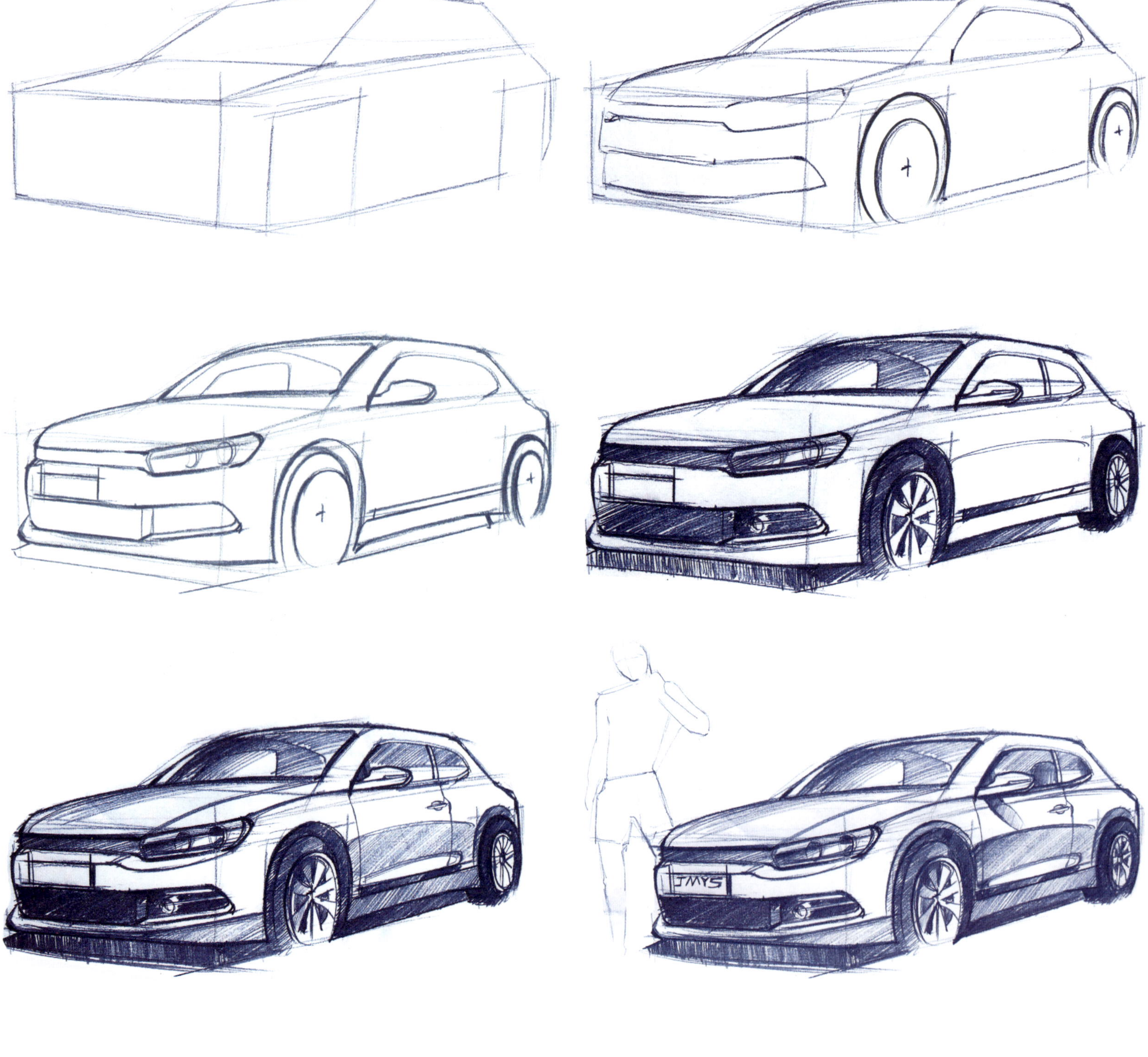

JMYS

JMYS

案例6

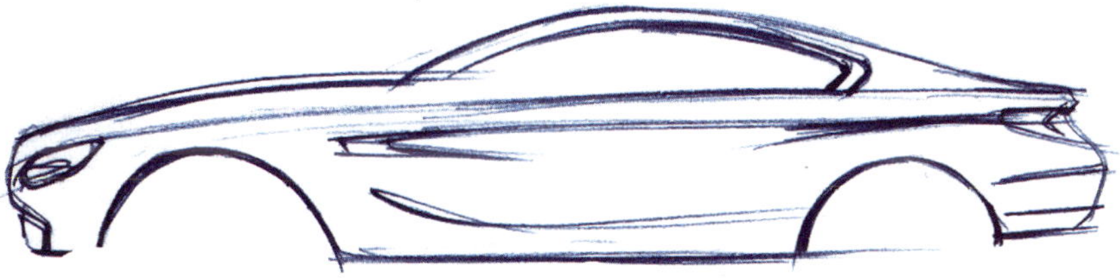

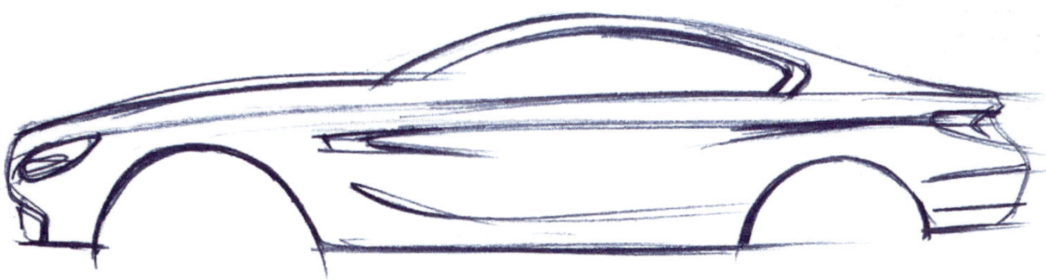

案例7

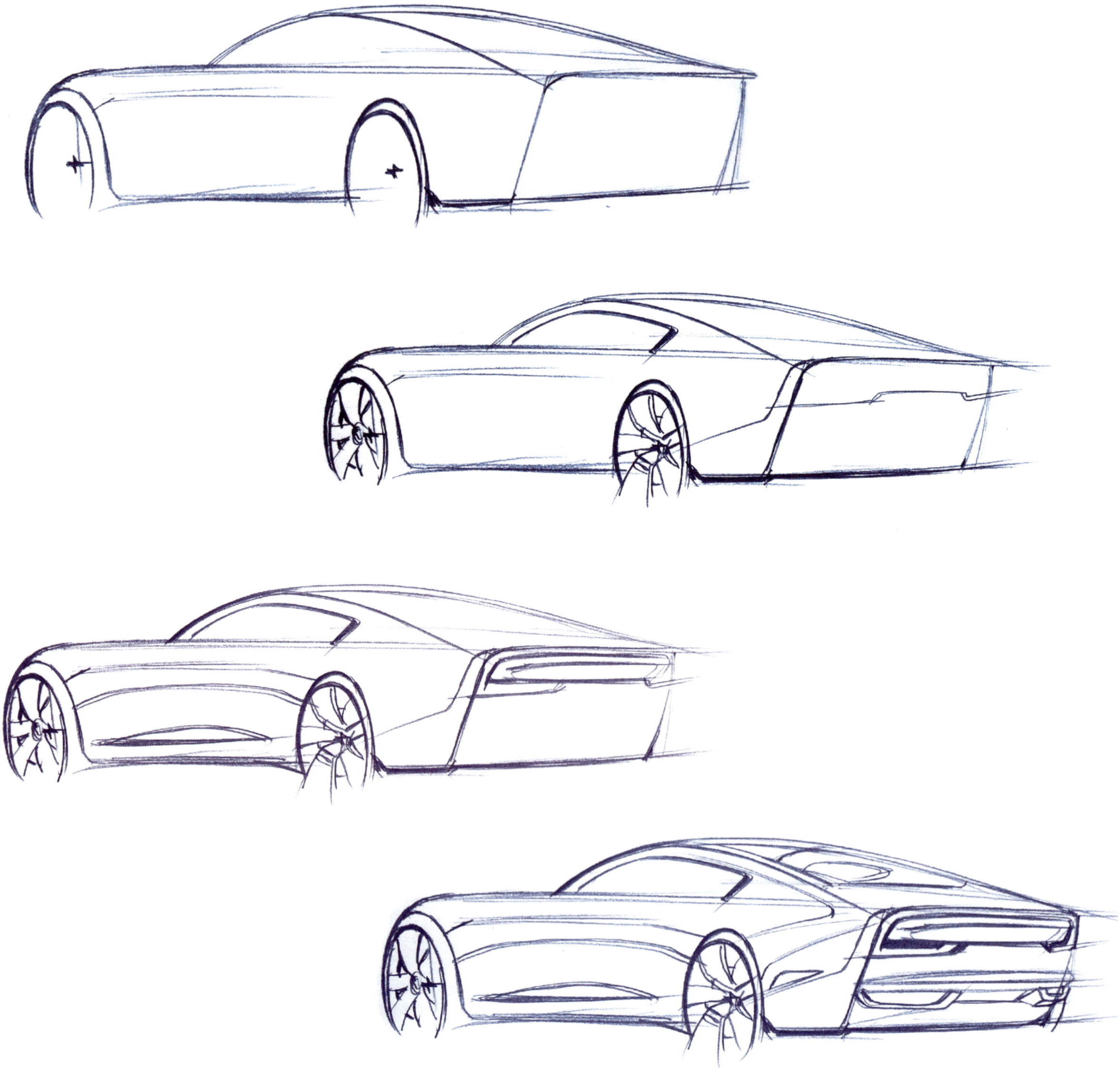

JMYS

案例8

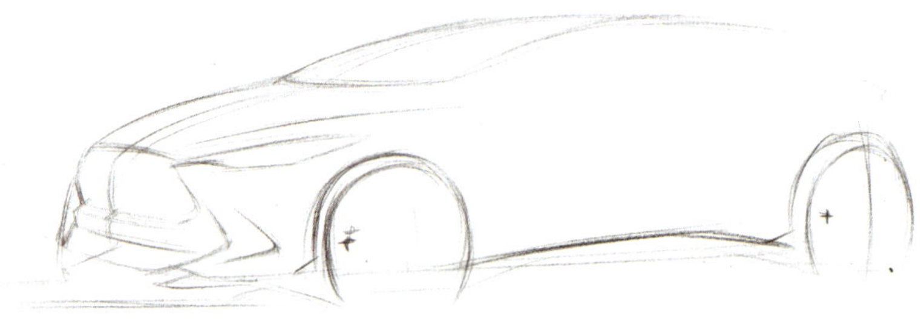

① 这种侧面占的比较多的需要注意车头透视。

② 再次丰富一些线条。

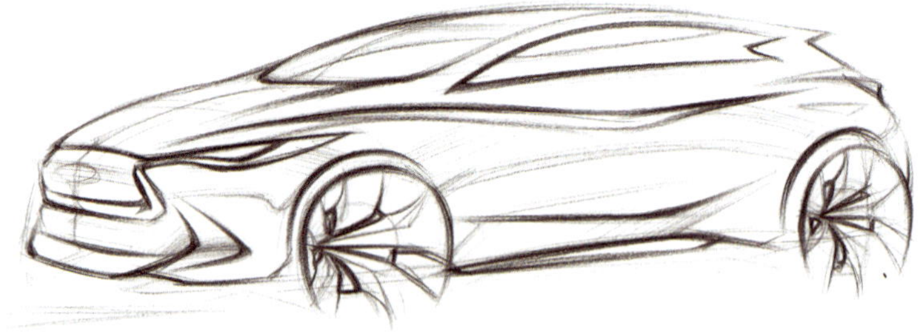

③ 加深线条，把细节抠出来。

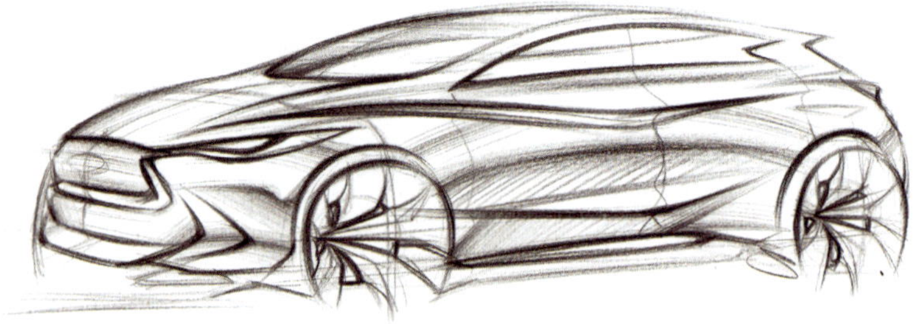

④ 交代出光影变化。

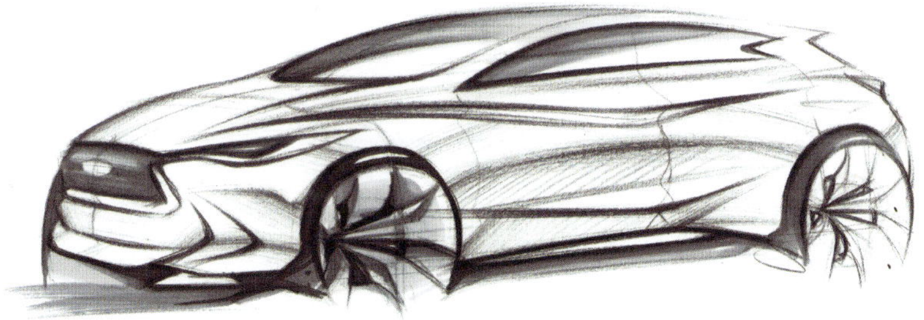

⑤ 画出深色投影和位置。

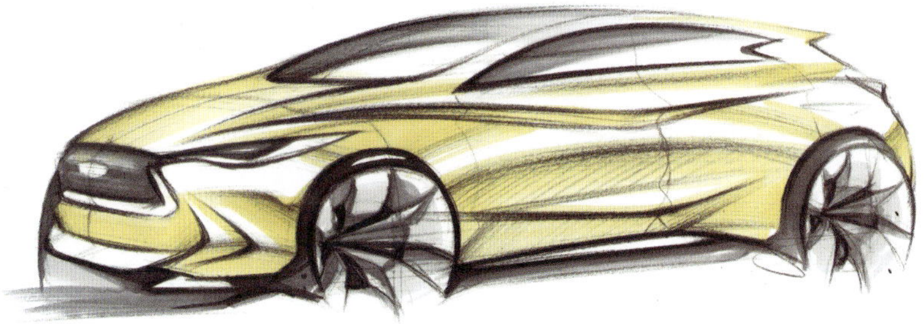

⑥ 画出黄色车身，保留高光。

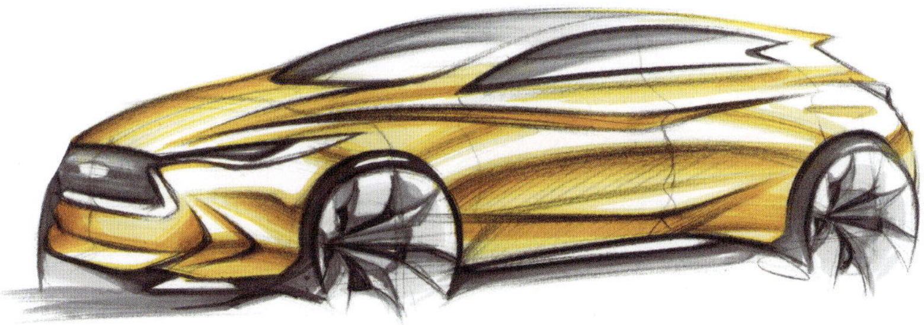

⑦ 加重颜色。

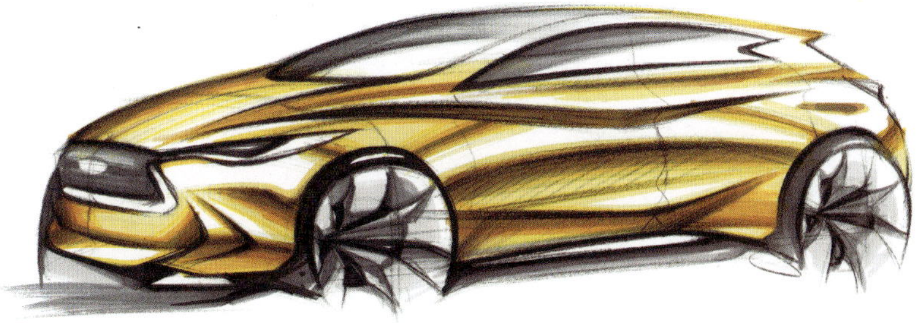

⑧ 最终效果展示。

案例9

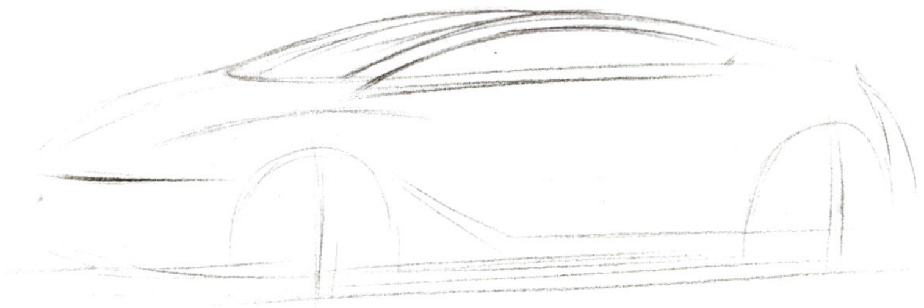

① 找出大致轮廓。

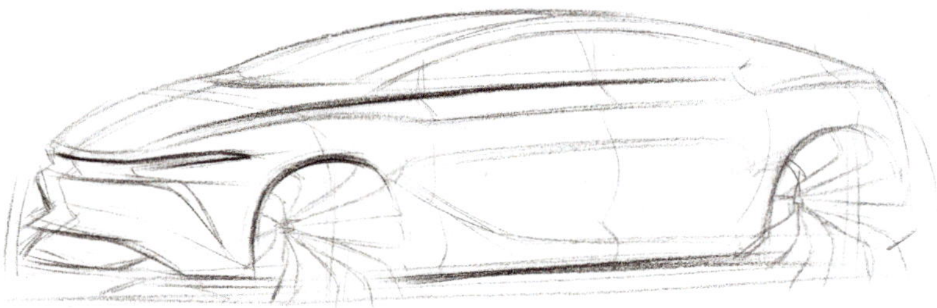

② 补充细节。

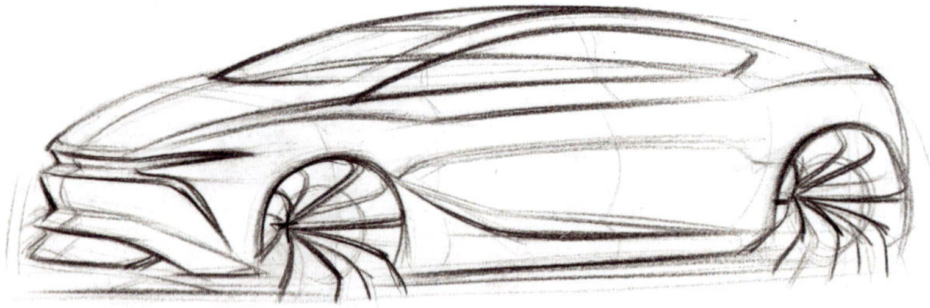

③ 加深线条。

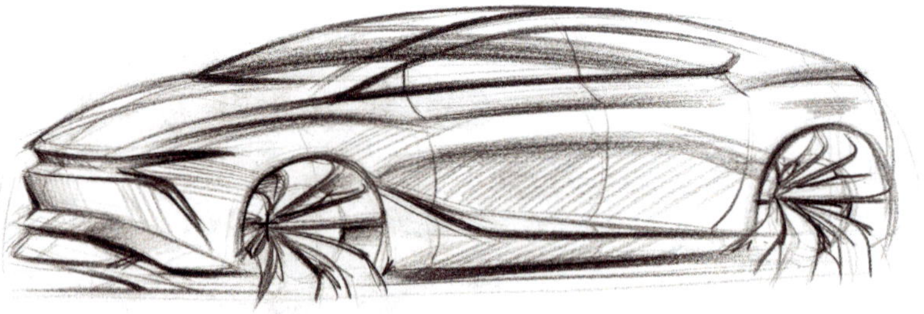

④ 铺上调子。

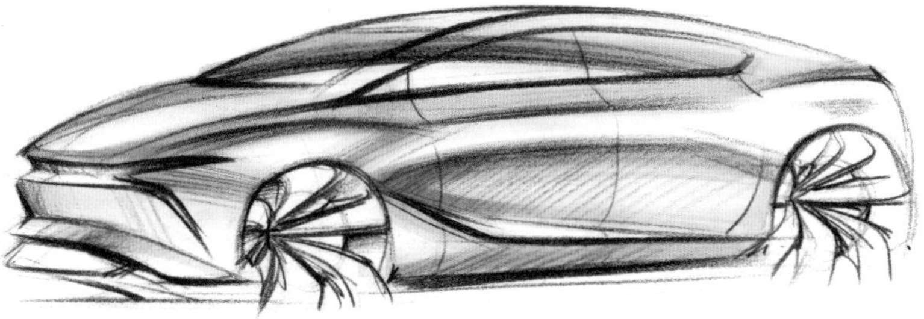

⑤ 平辅车身。

⑥ 加重深色。

⑦ 加重车身。

⑧ 刻画画面。

案例10

① 选好透视角度，画出想要的造型。

② 加深颜色，画出轮毂造型和截面线。

③ 造型画得差不多顺带着把光影画上一点。

④ 大面积铺上光影调子，顺着曲面排线。

⑤ 画出黑色部位的中灰色，没有那么重。

⑥ 加重黑色区域，画出过渡。再铺上蓝色固有色。

⑦ 加重暗面和重色区，高光留白处理。

⑧ 提亮车灯和轮毂处，刻画一下细节。

案例11

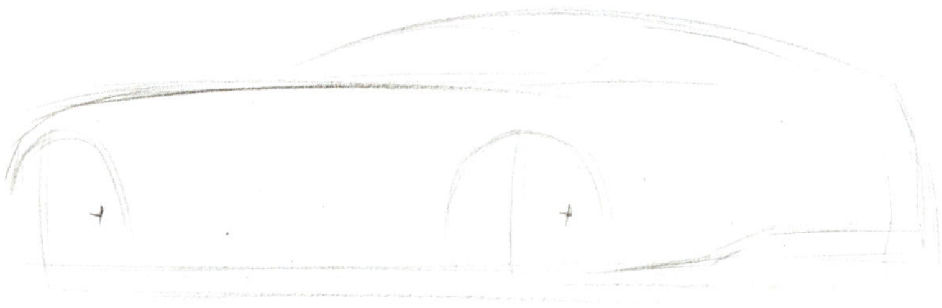

① 简单几根线条勾勒出大体轮廓。

② 丰富线条。

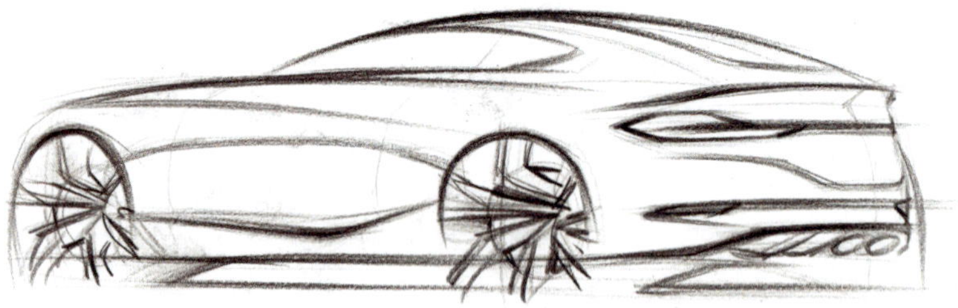

③ 加深线条。

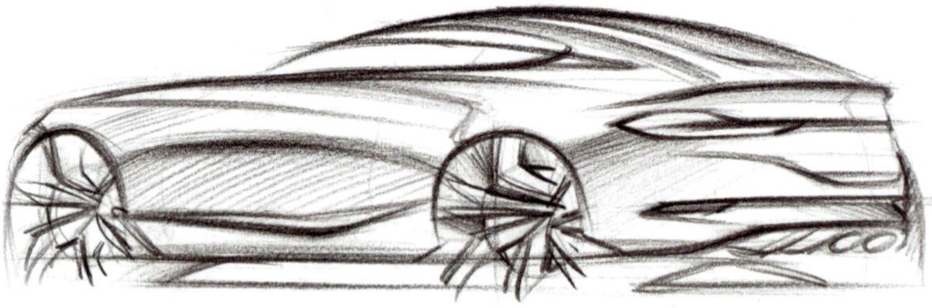

④ 铺上一层调子。

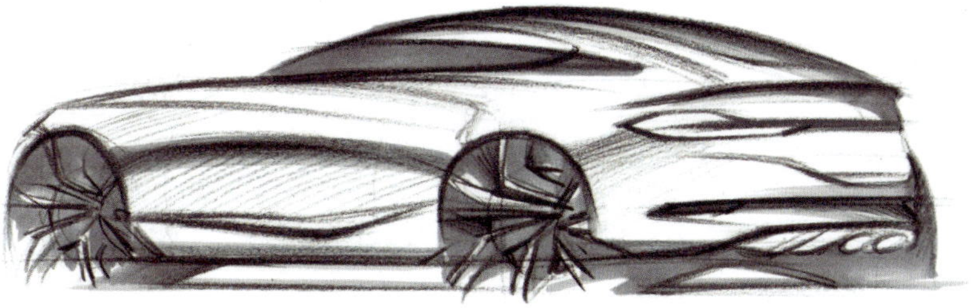

⑤ 加一层灰色。

⑥ 画上车身灰色。

⑦ 加重深色。

⑧ 丰富细节刻画。

案例12

案例13

案例14

五、小型SUV

案例1

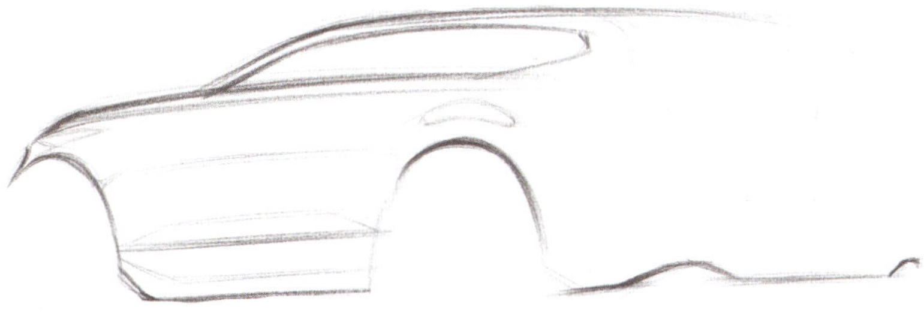

① 画出大体轮廓。

② 加深线条，找准比例。

③ 丰富细节。

④ 加上虚的线条和光影。

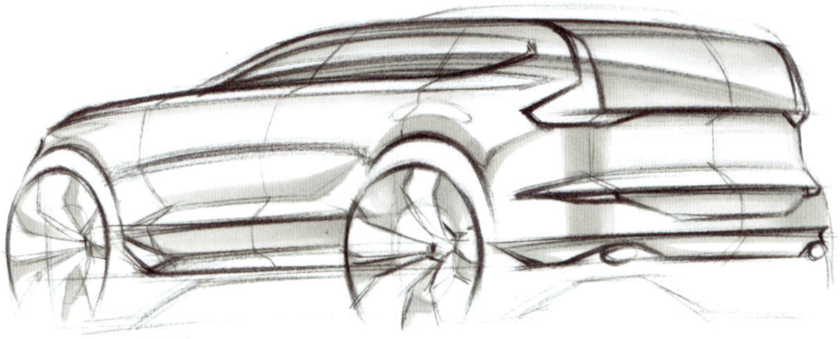

⑤ 简单铺一层颜色，表达一下光影。

⑥ 加深暗部，形成过渡面。

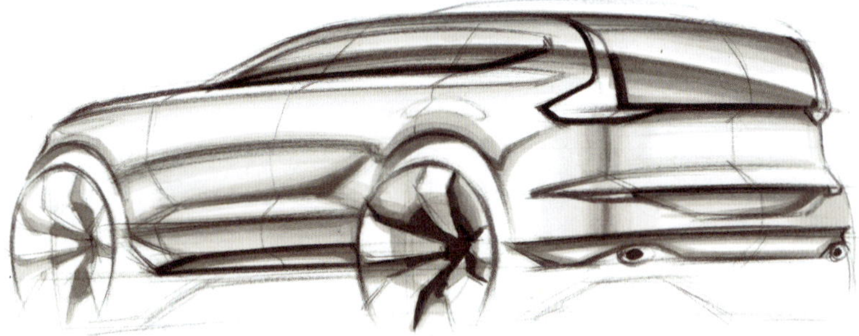

⑦ 画出重色。

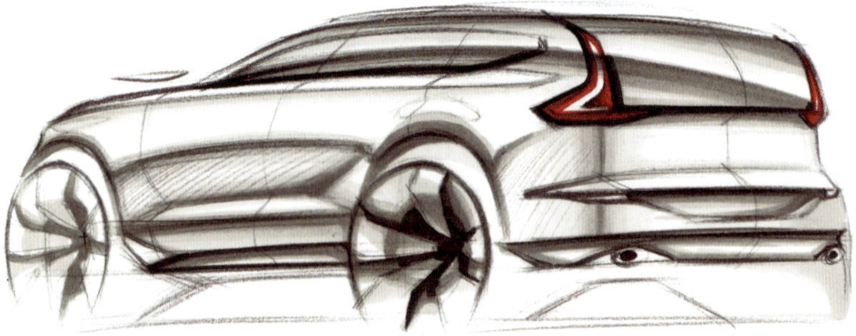

⑧ 画出尾灯细节，再铺一层线条。

案例2

① 确定角度，起型。

② 加深线条，补充细节。

③ 画上光影关系，线条虚实结合。

④ 线稿整体完成，用排线交代曲面。

⑤ 用冷灰和暖灰分别画出暗面和另一种材质表现。

⑥ 画出车窗和轮毂大概。

⑦ 铺一层车身颜色，沿着曲面画。

⑧ 加重暗部，注意曲面转折变化的光影。

案例3

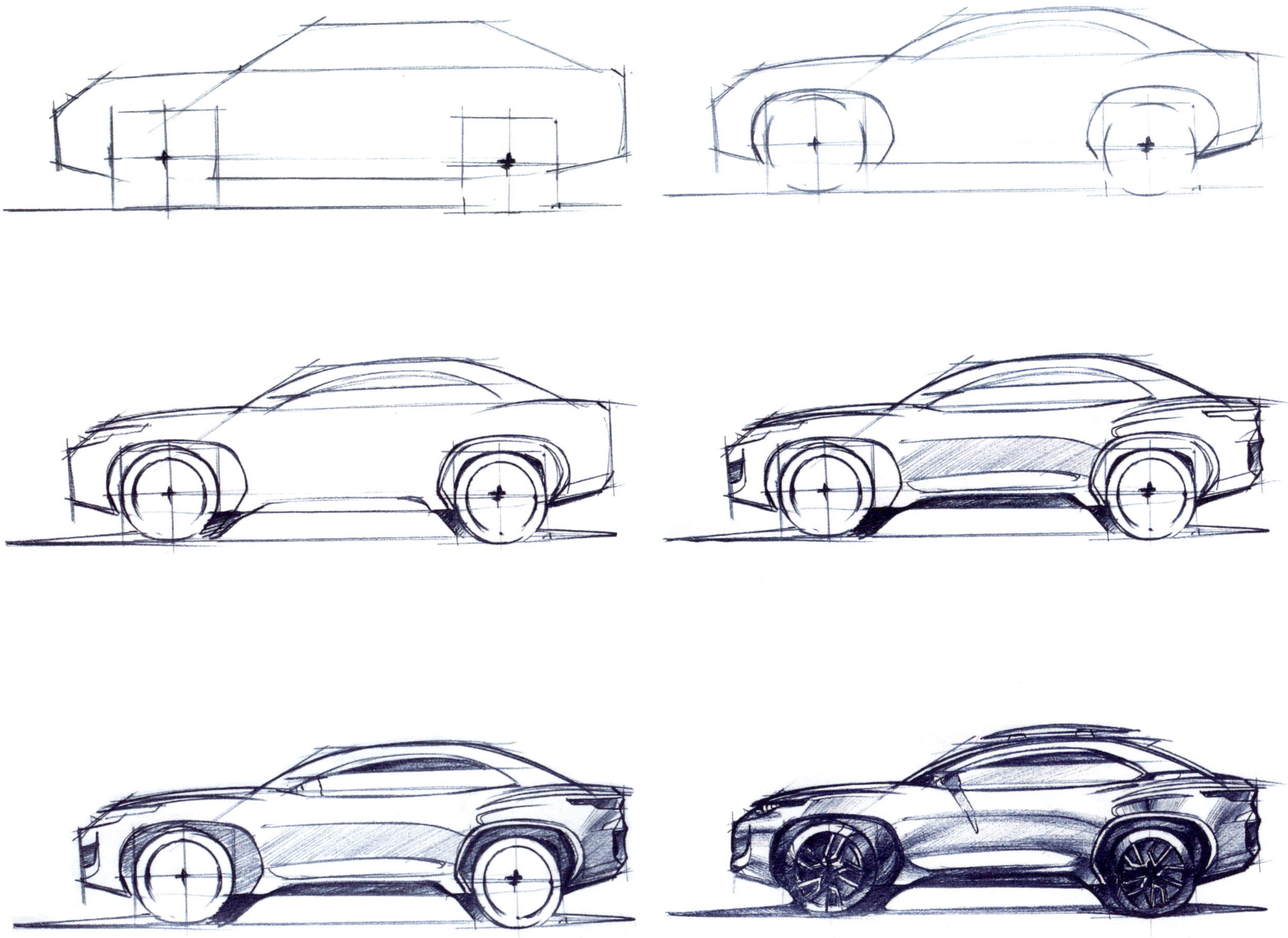

案例4

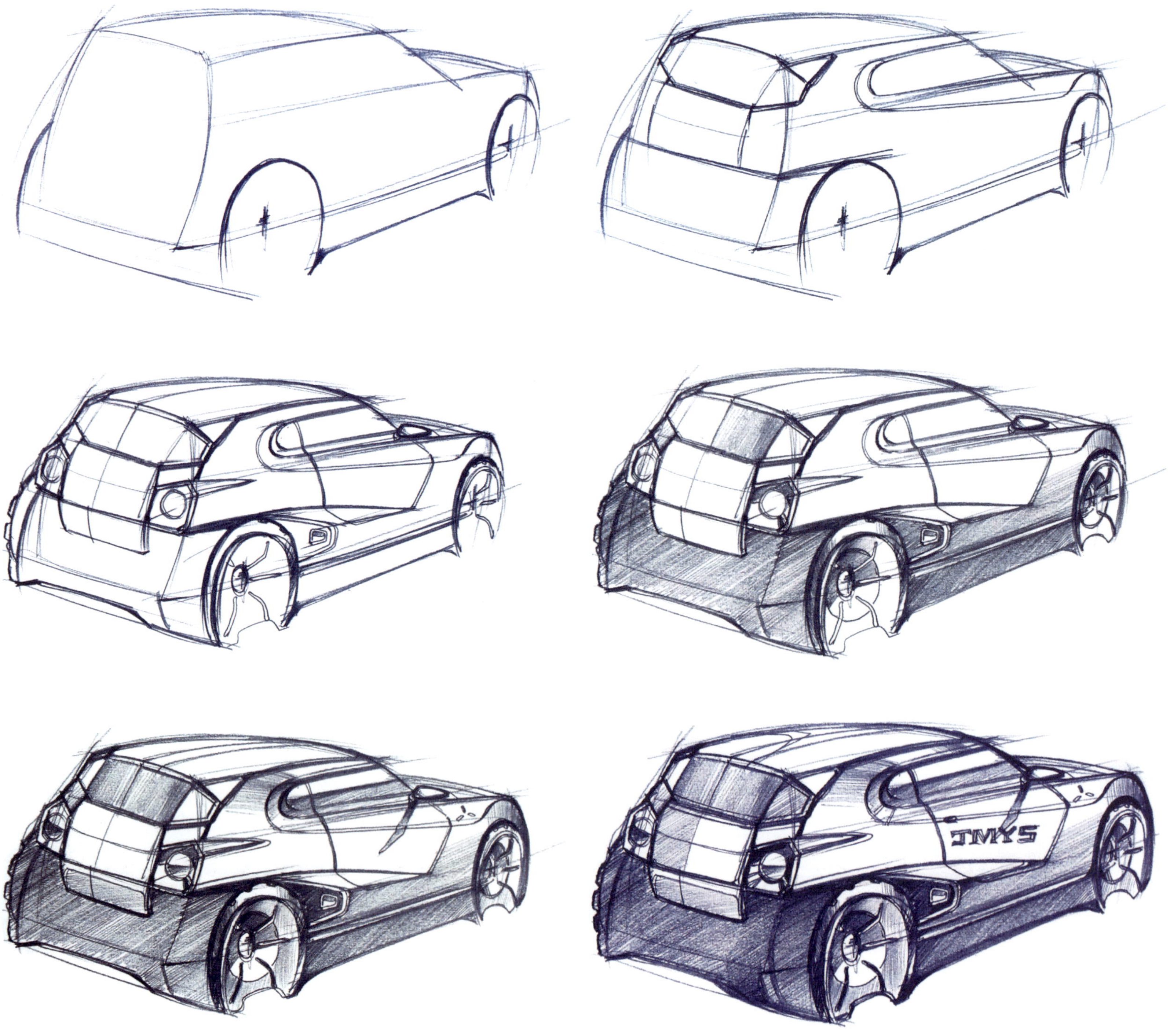

案例5

六、中型SUV

案例1

① 越野车的姿态要稳，透视要对。

② 加深线条属性，线条可以很随意放松。

③ 画出光影走向和剖面线。

④ 铺上调子，方便后期上色。

⑤ 上色阶段用中灰色铺事先设定好的光影处就好。

⑥ 再次加重颜色，让体量感更明显。

⑦ 继续刻画。

⑧ 画出轮毂，由里至外慢慢变亮。

案例2

① 用放松的线条画出想要的车型和造型，可以夸张一下比例。

② 加重一下线条属性并刻画更多造型元素。

③ 用侧锋大概的区分一下光影变化。

④ 铺一层调子，表达曲面关系。

⑤ 平铺灰调，顺着曲面走势铺。

⑥ 画出车窗及深色区域，注意马克笔在使用时的深浅变化。

⑦ 车身颜色变化，明暗交界线和向下向上的面用不同的处理方式。

⑧ 深入细节，画出灰面、投影和轮胎的质感。

案例3

① 平视尾部SUV，注意比例和透视。

② 继续补充细节。

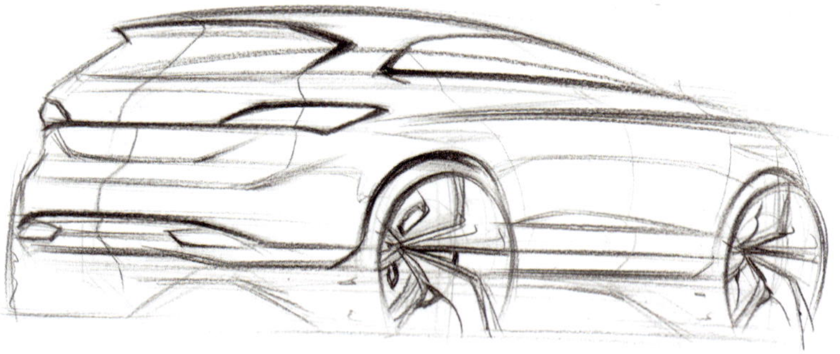

③ 加深线条和轮毂造型。

④ 用排线表示曲面关系。

⑤ 平铺色彩。

⑥ 加深底盘阴影和暗部位置。

⑦ 继续处理过渡面和灰面。

⑧ 最后调整一下画面，用高光笔提亮，再用重色压住暗部。

案例4

① 确定SUV侧面比例。

② 画出侧面特征线和轮毂造型。

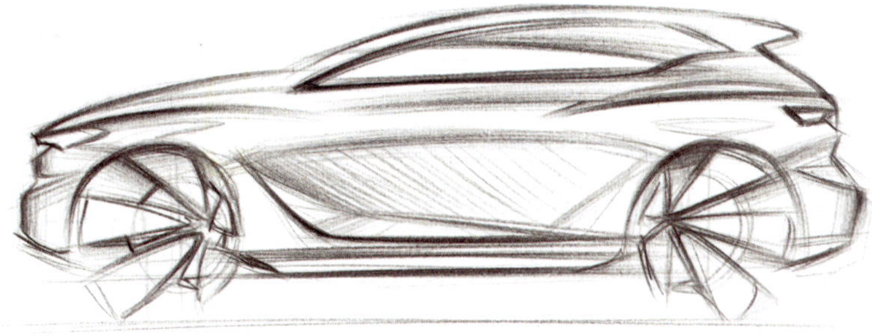

③ 加深线条属性。

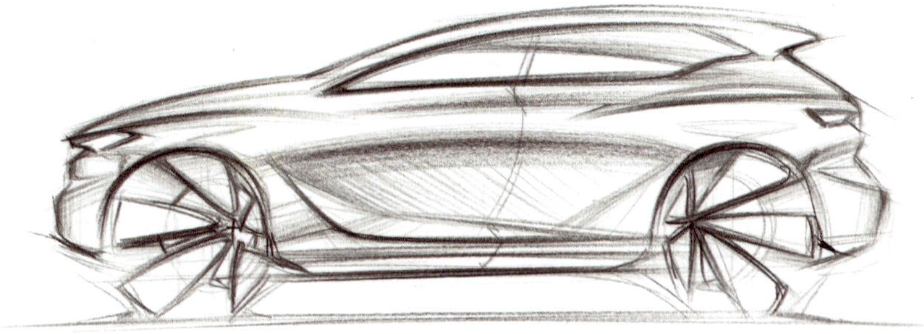

④ 交代一下光影。

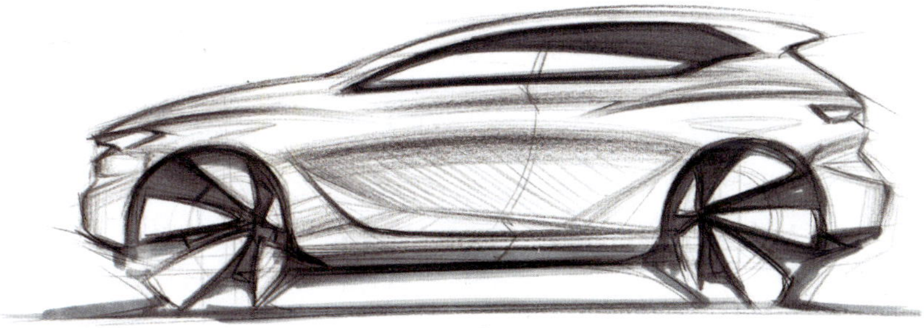

⑤ 铺上暗部深色。

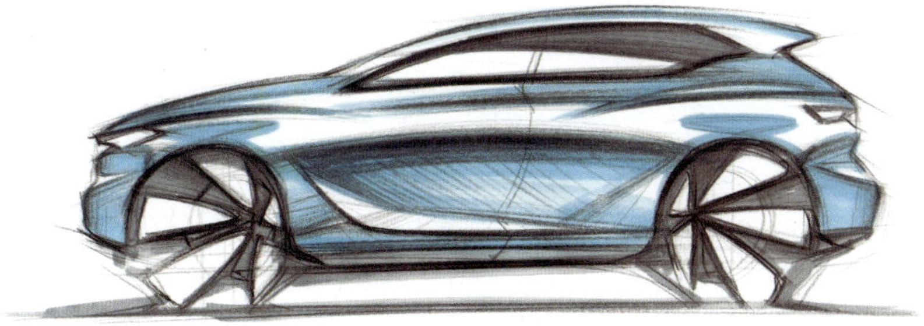

⑥ 铺上车身颜色。

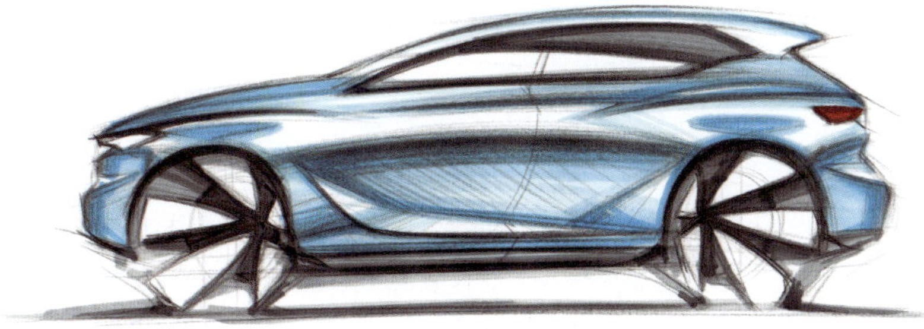

⑦ 加深侧面车身颜色。

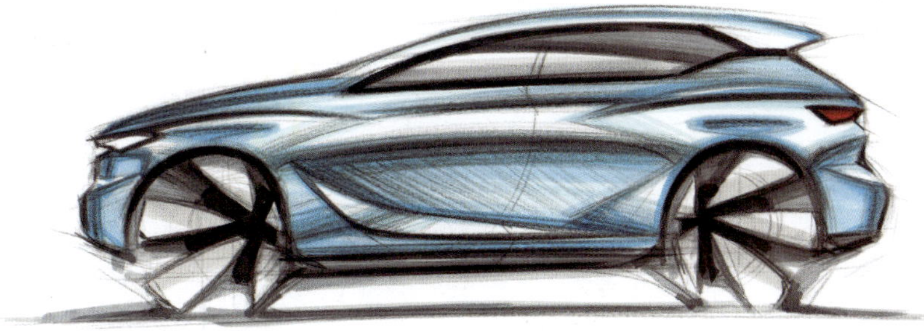

⑧ 丰富细节。

案例5

案例6

七、大型SUV

案例1

① 找准比例姿态。

② 加深线条并加上细节。

③ 画上轮毂细节和明暗交界线位置。

④ 铺上光影调子，表达出体量感。

⑤ 大面积铺色。

⑥ 把该加深的加深。

⑦ 继续做过渡。

⑧ 丰富细节处理。

案例2

① 分析车型，画准透视和姿态。

② 找出车灯细节位置。

③ 加深线条，画出轮毂造型，让站姿更稳。

④ 画出光影调子。

⑤ 用黑色先铺一层。

⑥ 画出车身颜色，浅一些。

⑦ 加重车身颜色并刻画轮毂。

⑧ 丰富细节处理，虚实要得当。

案例3

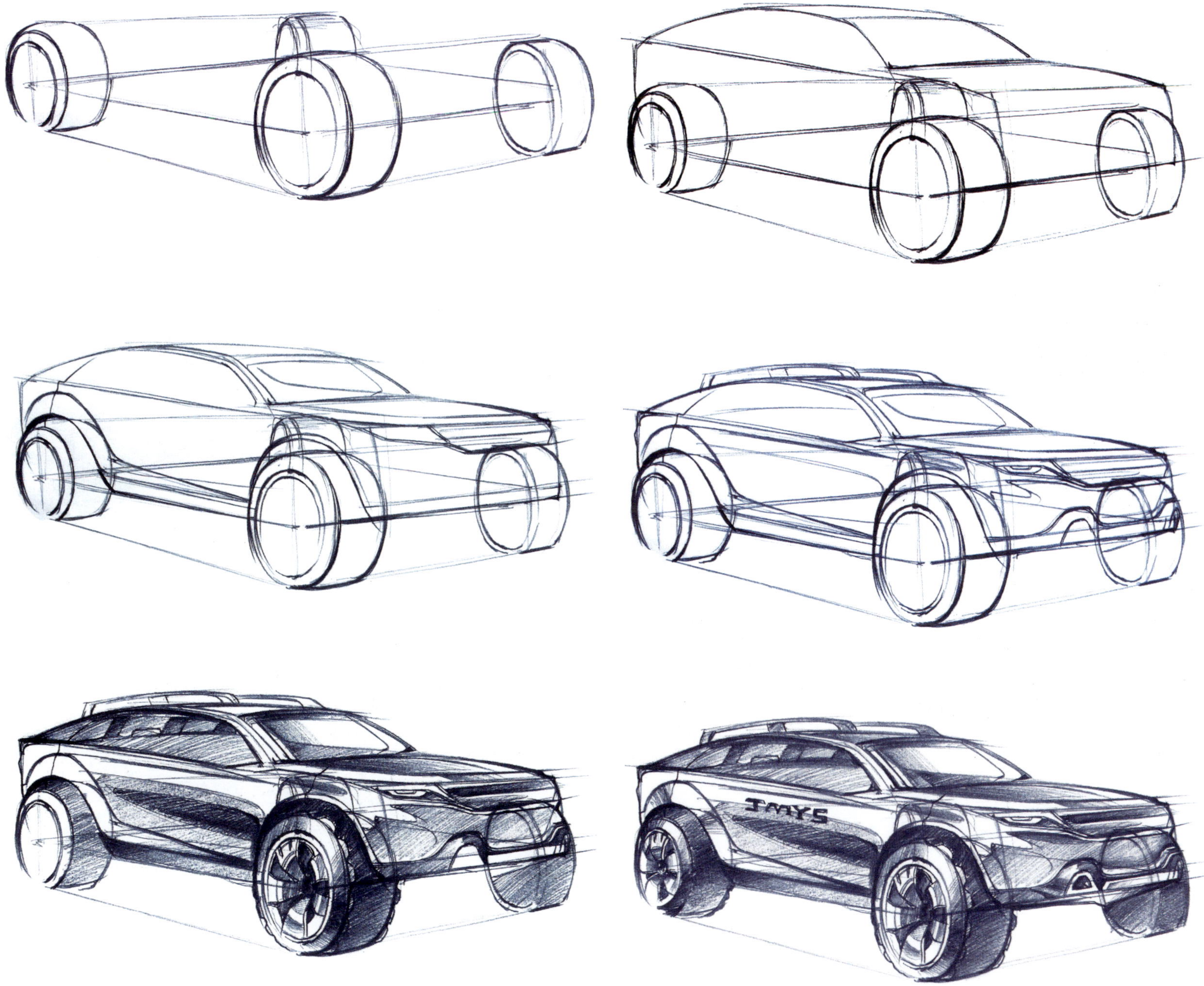

案例4

08

案例5

案例6

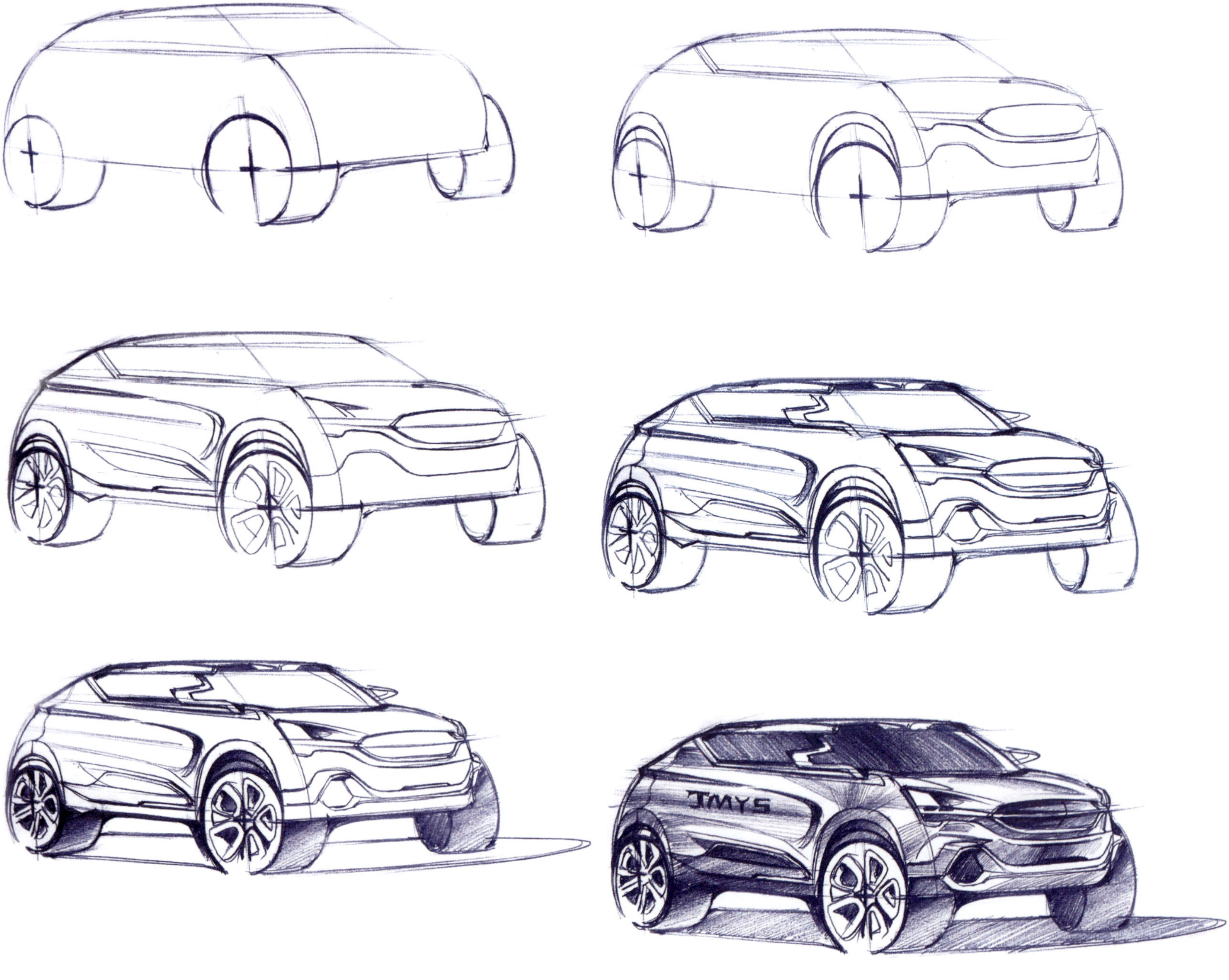

八、代步车

案例1 城市电动代步车

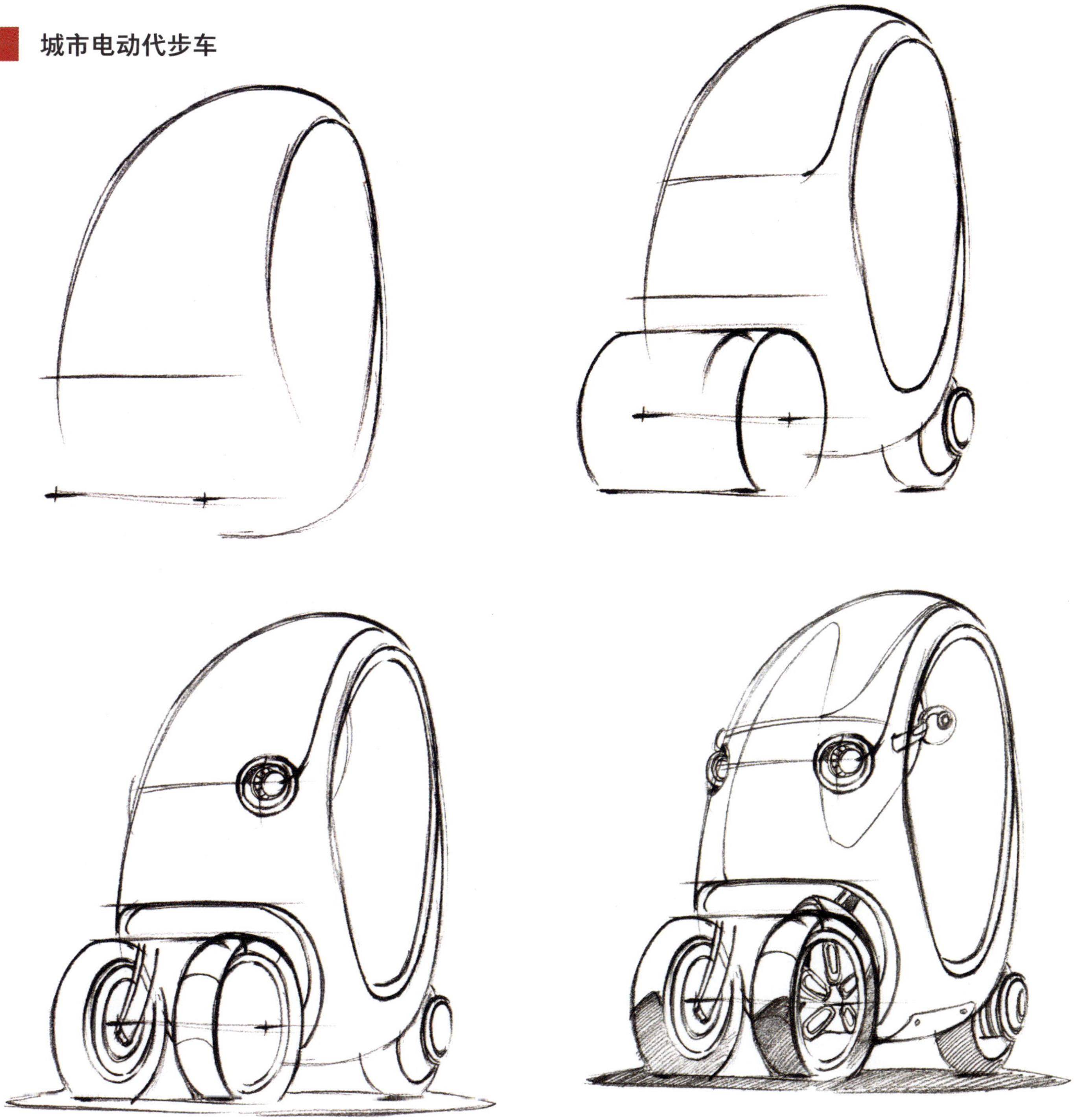

案例2 小型城市代步车1

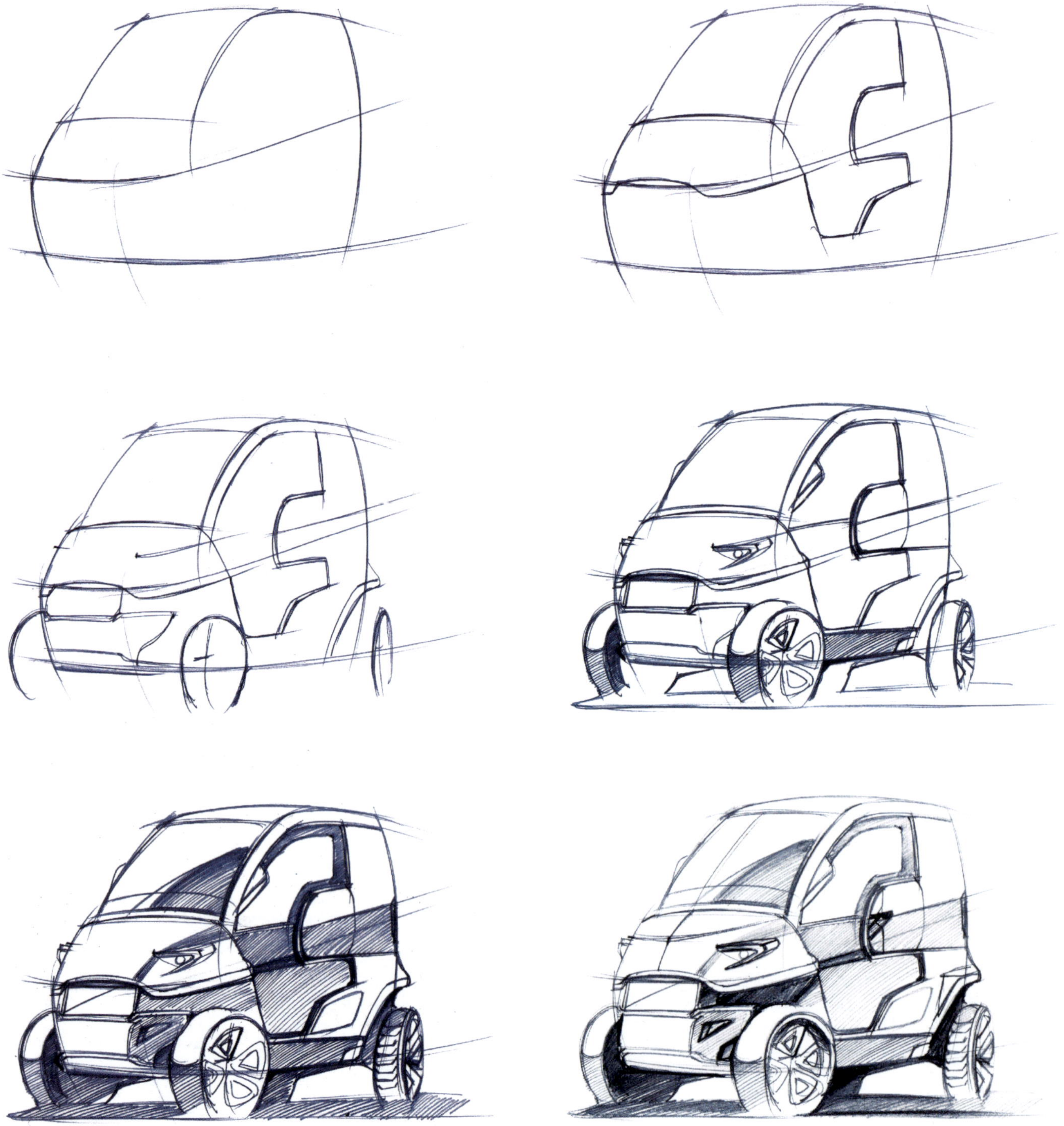

案例3 小型城市代步车2

九、商务车

案例1

① 透视角度有点俯冲的，注意转折的透视，一定要转过去。

② 加深线条并画出轮毂。

③ 丰富造型细节。

④ 铺上光影调子准备后期上色。

⑤ 再次丰富画面细节。

⑥ 画出光影面和暗部轮廓。

⑦ 画出灰面和玻璃材质。

⑧ 最后提亮的提亮，加重的加重。

案例2 商务跑车

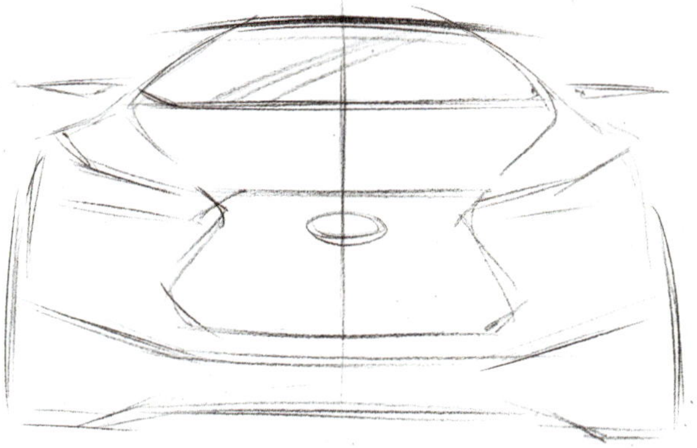

① 正面保持对称性。

② 用放松的线条画出其他细节。

③ 加深线条，形成虚实。

④ 上一层光影调子。

⑤ 铺一层灰色暗部。

⑥ 铺上车身颜色。

⑦ 加深车身颜色过渡。

⑧ 最后暗的暗下去，亮的亮起来。

十、户外多功能汽车

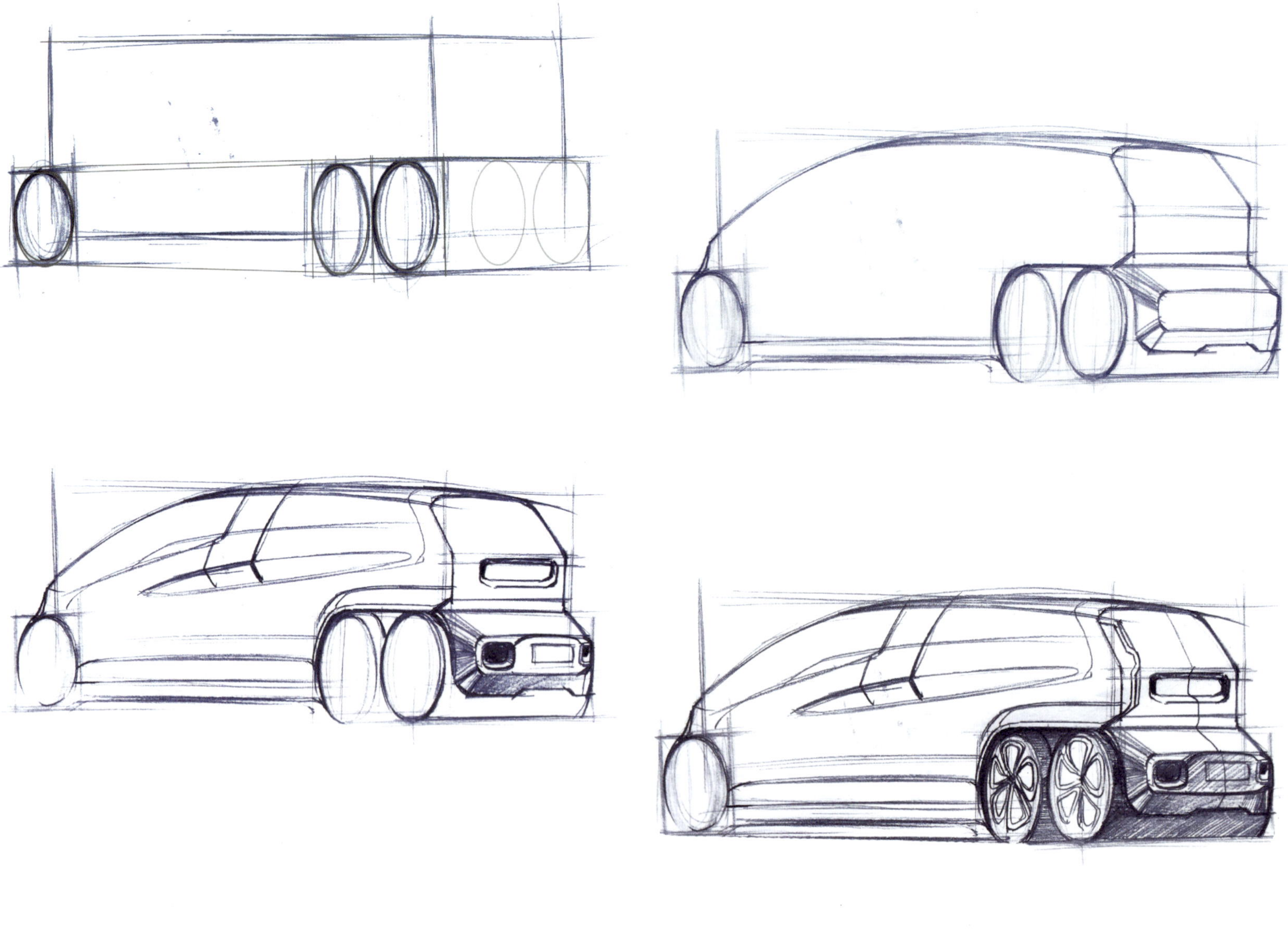

ROJEAN

十一、概念交通工具

案例1

① 找准透视和比例。

② 加重线条和特征线。

③ 再加入一些放松的虚线条。

④ 带上光影调子。

⑤ 用冷灰平铺一层。

⑥ 画出轮胎的黑色。

⑦ 把车身颜色丰富起来。

⑧ 画出轮毂细节和车身车灯细节。

案例2

第四章 04 Chapter

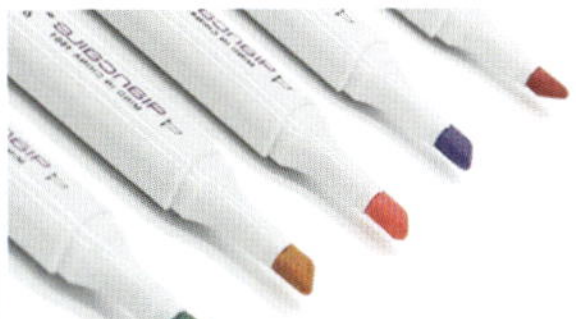

汽车效果图表达赏析

一、精美优设教师作品赏析

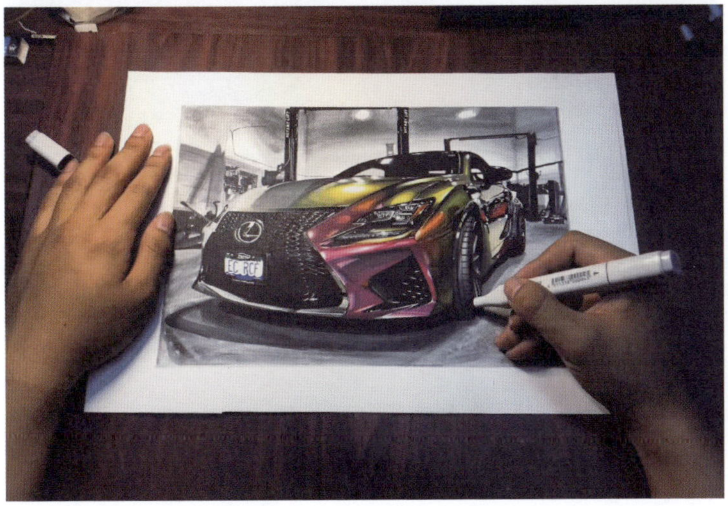

AD·5210

多摩46
ち82-02

27
BRIDGESTONE
GYT
春泥资本
17
K-SPORT

B·8E422

X6

津K ZD911
PROKES
FORGIATO

Geely GC9
GC9

GEELY

X4

練習中

BMW
M2

VOLVO

黑D·0509B

AMG

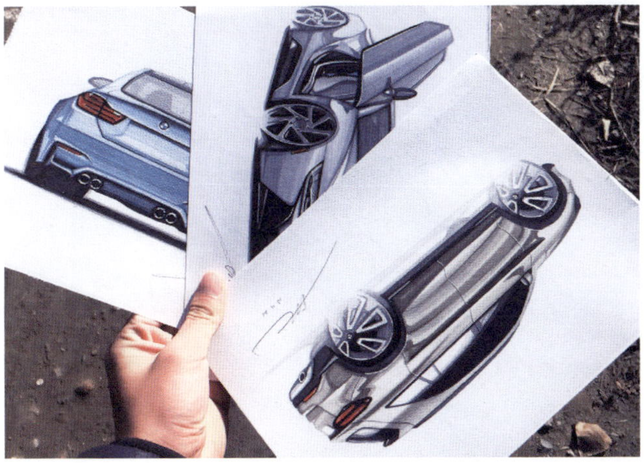

H·FF 909

二、学生作品赏析

马竹轻 加拿大圣乔治高中

Brawn meets beauty

The art of engineering

附录

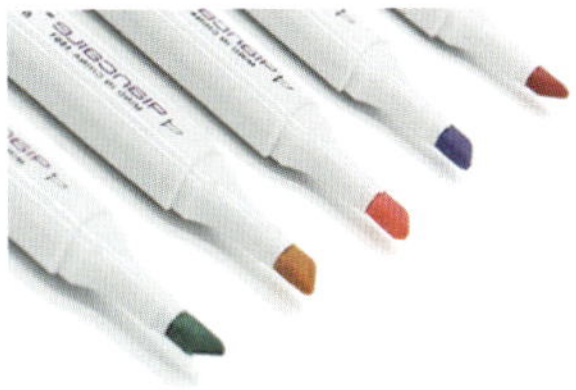

手绘飙车
精美优设.同形传译点评方法
精美优设
手绘飙车
一起参与
共同进步
有货、有料
扫码进入微信公众,回复“手绘练习飙车”
参与手绘飙车活动、老师会直播演示、点评
帮助大家快速提升设计手绘能力
手绘飙车党成员作业
罗剑老师图文并茂点评
格物造型-设计手绘课程
wechatid: jmysdesign | webpage: www.idjmys.com

精

Competitive

教育普及

SPREAD OF EDUCATION

精美优设学院现有花椒直播、一直播网络课堂、
高校巡讲、线下体验课程（全公益）为全国高校师生、企业设计师
提供强有力的教育服务支持

独创的“格物造型”“格色渲染”教学体系方法得到全国各大高校师生们的高度认可
参与学生人数已近1万人，并且持续增长中...

格物造型–设计手绘课程

wechatid: jmysdesign | webpage: www.idjmys.com

教育普及

SPREAD OF EDUCATION

格物造型-设计手绘课程

wechatid: jmysdesign | webpage: www.idjmys.com

精
NOLA